U0918458

2023
数字经济论坛报告

徐运平　周超男◎主编

人民日报出版社
北　京

图书在版编目（CIP）数据

2023 数字经济论坛报告 / 徐运平，周超男主编 . —
北京：人民日报出版社，2024.2
ISBN 978-7-5115-8208-9

Ⅰ. ① 2… Ⅱ. ①徐…②周… Ⅲ. ①信息经济—经济发展—研究报告—中国—2023 Ⅳ. F492

中国国家版本馆 CIP 数据核字（2024）第 035055 号

书　　名：2023 数字经济论坛报告
　　　　　2023 SHUZI JINGJI LUNTAN BAOGAO
主　　编：徐运平　周超男

出 版 人：刘华新
责任编辑：陈　红　吴婷婷
封面设计：主语设计
版式设计：格律图文

出版发行：人民日报出版社
社　　址：北京金台西路 2 号
邮政编码：100733
发行热线：（010） 65369509 65369527 65369846 65363528
邮购热线：（010） 65369530 65363527
编辑热线：（010） 65369844
网　　址：www.peopledailypress.com
经　　销：新华书店
印　　刷：涞水建良印刷有限公司
法律顾问：北京科宇律师事务所（010） 83622312

开　　本：710mm × 1000mm　1/16
字　　数：150 千字
印　　张：10
版次印次：2024 年 3 月第 1 版　2024 年 3 月第 1 次印刷

书　　号：ISBN 978-7-5115-8208-9
定　　价：98.00 元

用好数据资源　赋能实体经济

中国国际经济交流中心副理事长　王一鸣

随着数字经济的快速发展，我国数据流量快速增长，数据资源迅猛扩张，已成为名副其实的数据资源大国。为发挥我国数据规模和数据应用优势，推动数字经济有序健康发展，必须进一步推进数据要素市场化改革，促进数据高效流通使用，赋能实体经济。

第一，创新数据产权制度，破解数据交易确权难问题。要建立数据资源持有权、数据加工使用权、数据产品经营权等分置的产权运行机制，充分保护数据要素各参与方的合法权益，为数据流通、交易、收益分配提供制度保障。

第二，建立数据流通和交易制度，破解“不愿、不敢、不能”交易数据的问题。更好发挥市场发现价格的作用，完善数据要素价格形成机制，健全估值定价办法，不断扩大数据流通和交易规模。

第三，加快公共数据开放共享，破解“数据孤岛”问题。推进各级政府部门、企事业单位的公共数据开放共享。建立“一站式”开放数据平台，授权第三方管理及运营，推动公共数据加工开发和应用共享。

第四，促进数据产业化应用，破解数字产业化遇到的瓶颈问题。数据要素的高效利用，离不开经营主体的参与。要培育一批数据服务商和第三方专业机构，鼓励各种所有制数据服务商平等竞争、共同发展。鼓励大型互联网平台数据共享，增加中小企业数据可及性，丰富行业生态。

第五，完善数据治理架构，破解跨境数据流动问题。在确保安全的前提下，提高国内外数据市场连通的便利性，有利于增强数字经济国际竞争力。要坚持开放发展，推动数据跨境双向有序流动，为跨境数字贸易发展创造有利条件。

第六，构建多方协同的治理模式，破解数据开放与数据安全的冲突问题。一方面，要坚持改革、创新、开放，坚持市场化改革方向，培育数据要素市场，创新监管模式，建立健全鼓励创新、包容创新的机制。另一方面，要守住安全底线，明确监管红线，完善行业自律机制，规范市场发展秩序。

目录

第一部分　专家观点 /001

第二部分　媒体观察 /067

第一部分

专家观点

做好桥梁纽带　汇聚共识合力

人民日报社副总编辑　徐立京

党的十八大以来，以习近平同志为核心的党中央作出建设数字中国的重大决策部署，把发展数字经济上升为国家战略。习近平总书记深刻指出，“当今时代，数字技术、数字经济是世界科技革命和产业变革的先机，是新一轮国际竞争重点领域，我们要抓住先机、抢占未来发展制高点”。党的二十大报告对加快发展数字经济，促进数字经济和实体经济深度融合，打造具有国际竞争力的数字产业集群，作出了战略安排。

数据显示，2022 年我国数字经济规模达 50.2 万亿元，总量稳居世界第二，占 GDP 比重提升至 41.5%。持续夯实的“数字底座”、不断丰富的数据资源、日臻完善的数据安全，为经济社会高质量发展注入澎湃动力。迈上全面建设社会主义现代化国家新征程，发展数字经济、建设数字中国，意义重大。

围绕推动数字经济发展的新做法新成果，讲好数字中国故事，深入挖掘各地区各部门、相关行业企业的鲜活实践、典型经验，为推动数字经济做强做优做大营造良好舆论环境。要做好数字化发展桥梁纽带，进一步加强调查研究，聚焦数字化治理、数据安全保护、弥合数字鸿沟等各界关注的问题，引导全社会不断筑牢数字发展成果造福人民的价值观念，共同建设更有获得感、幸福感、安全感的数字中国。

百舸争流、千帆竞发，逐浪数字经济蓝海，更应勇立潮头、乘势而上。作为党中央机关报，人民日报将坚持以习近平新时代中国特色社会主义思想为指导，深入贯彻落实习近平总书记重要指示批示精神和党中央决策部署，发挥全媒体传播优势，报、刊、网、端、微、屏形成合力，努力为数字经济发展、数字中国建设提供有力舆论支持。

坚持创新发展　夯实技术基础

科学技术部高技术研究发展中心主任　张洪刚

新一轮科技革命和产业变革与我国加快转变经济发展方式形成历史性交汇，为加快发展数字经济提供了重大机遇。数字化已成为改变国际竞争格局的关键力量，谁掌握了数字化发展的主动权，谁就占领了未来发展的制高点。习近平总书记高度重视数字经济发展。2022年，习近平总书记在中央政治局第三十四次集体学习时表示，“发展数字经济是把握新一轮科技革命和产业变革新机遇的战略选择”。党的二十大报告中明确，要“加快发展数字经济，促进数字经济和实体经济深度融合，打造具有国际竞争力的数字产业集群”。2022年底的中央经济工作会议上，习近平总书记再次强调，“要大力发展数字经济，提升常态化监管水平，支持平台企业在引领发展、创造就业、国际竞争中大显身手”。这些为发展我国数字经济指明了方向，提供了根本遵循。

近些年来，特别是新时代十年，我国数字经济发展持续取得新突破，展现出强大的韧性，并成为经济复苏的中坚力量。数字经济战略体系日趋完善，行业和地方加快推动数字经济战略落地。数字经济实现量质齐升，规模总量稳居世界第二位。尤其是在新冠疫情暴发、传统产业遭受较大冲击的情况下，数字经济逆势而起，催生出移动支付、外卖物流、平台经济、共享经济等新业态、新模式，产生了巨大的社会和经济价值，成为拉动经济发展的新引擎。

数字经济具有知识、技术、人才、资本高度密集等特点，发展数

字经济，高水平科技创新是关键，高质量数字技术供给是基础。习近平总书记强调，要“尽快实现高水平自立自强，把发展数字经济自主权牢牢掌握在自己手中”。随着科技的持续投入，技术创新的持续赋能，加速了数字化新技术、新产品、新产业的健康发展。国产 CPU、操作系统从“可用”向“好用”跃升；移动通信技术实现从“4G 并跑”到“5G 引领”的跨越式发展；华为昇腾、百度昆仑芯等国产智能芯片支撑重大应用，飞桨、昇思等计算框架在国内影响逐渐扩大，构建了国产全栈式人工智能基础软硬件体系；云计算、大数据、宽带通信、区块链等数字技术加速向研发、生产、销售等环节渗透，与实体经济深度融合，推动农业、制造业、服务业等传统产业转型升级，加快向数字化、网络化、智能化、绿色化发展。

我们也清楚地认识到，我国数字经济发展仍存在一些问题。譬如：各类产业自成体系，业务流程和标准规范不统一，数字孤岛现象明显；数字应用技术发展蓬勃，但核心技术基础研究短板突出；企业更多注重商业模式创新，在产品与服务创新方面较为欠缺；跨领域、复合型的数字化人才储备不足；等等。

下一步，科技部将坚决贯彻落实习近平总书记关于数字经济发展重要论述的精神，把打造数字经济、坚实技术底座作为数字经济发展和数字中国建设的重要抓手，系统谋划数字技术创新发展布局，为加快推动我国数字经济高质量发展提供坚实的科技支撑。

一是加强顶层设计，积极推动跨部门、跨行业、多主体协同组织实施。数字产业集群是数字经济发展的重要载体和支撑，具有很强的集聚、创新和辐射带动作用。科技部将加强与有关部委和地方的协同合作，形成科技创新合力，共同打造具有国际竞争力的数字产业集群，推动数字产业向高端、智能、绿色方向发展。加强与各行各业的合作，以数字技术助力千行百业转型升级，服务国家高质量发展。

二是加强原创性技术和关键核心技术攻关，夯实数字经济的技术基础。数字技术是数字经济发展的核心驱动力。科技部将以国家战略需求为导向，集聚力量进行原创性、引领性科技攻关，坚决打赢关键核心技术攻坚战。瞄准集成电路、人工智能、大数据、区块链、量子信息、脑科学等数字技术相关的战略前沿领域，谋划开放、合作、自主突破与产业化应用协同的推进路径，体系化推进基础研究、应用基础研究、自主可控的软硬件支撑体系建设和重大场景应用示范。

三是强化创新主体建设，激发人才创新活力，为数字经济发展提供持续动能。健全以国家实验室为引领、全国重点实验室为支撑的实验室体系，强化基础研究和应用基础研究能力。支持企业牵头、高校、研究院所共建国家技术创新中心，打造产学研深度融合的技术创新平台，贯穿数字经济全产业链，开展技术攻关。积极培育和发展数字经济技术人才，优化人才培养、引进、评价和激励体系，打造具有国际竞争力的数字人才队伍。

四是贯彻总体国家安全观，提升数字经济治理能力和治理水平。完善数字经济治理体系，落实“数据二十条”，聚焦关键信息基础设施防护、大数据安全和隐私保护、网络公害治理等方面的需求，系统推进数字安全、网络安全技术保障能力提升，探索数字世界监管和治理新技术、新手段、新模式，建立健全数据安全、隐私保护、数字鸿沟等数字伦理监管体系，筑牢可信可控的数字经济安全屏障，推动数字经济健康可持续发展。

站在新的历史起点上，科技部将瞄准数字经济发展中的“硬骨头”，进一步发挥关键核心技术攻关的新型举国体制作用，凝聚全社会优势力量，为发展数字经济、共建数字中国提供创新引擎，为中国式现代化建设作出更大贡献。

促进数实融合　加快产业升级

工业和信息化部信息技术发展司一级巡视员　王建伟

当前，以信息技术为代表的新一轮科技革命和产业变革深入推进，为传统产业提质增效、转型升级提供了重要契机，为数字中国建设提档升级、推进中国式现代化提供了强劲动力。党的二十大报告明确提出，要“加快发展数字经济，促进数字经济和实体经济深度融合，打造具有国际竞争力的数字产业集群”。面对新形势、新任务、新要求，我们要加大力度推动战略性新兴产业融合集群发展，构建以新一代信息技术、人工智能为代表的新增长引擎。

近年来，工业和信息化部深入贯彻落实习近平总书记重要指示批示精神，深入贯彻落实制造强国、网络强国和数字中国战略，以促进数字经济和实体经济深度融合为主线，协同推进数字产业化和产业数字化，取得积极成效。一是产业数字化进程提速升级。截至 2023 年 3 月底，重点工业企业关键工序数控化率为 59.4%、企业数字化研发设计工具普及率为 77.6%。工业互联网创新发展工程深入推进，截至目前，全国具有一定影响力的工业互联网平台超 240 个，重点平台连接设备超 8100 万台，基于平台的制造业新生态加速形成。二是数字产业化规模持续壮大。大数据技术研发、融合应用等重点项目攻关取得突破，新增 209 个大数据产业发展试点示范项目，覆盖数据管理能力、交易流通、大数据服务、行业应用等多方向，持续激发数字企业发展活力。建设 12 个大数据领域国家新型工业化产业示范基地，产业集聚优势彰显。三是数据要素应用效能加速释放。数据流通交易服务平台快速涌现，北京、上海、郑州等大数据交易所建设扎实推进，公共数据专区建设持续探索，数据资产评估地方试点启动实施。工业数据资产登记拉开序幕，工业数据资源潜在价值加速释放。数据管理国家标准（DCMM）贯标工作扎实推进，2022 年完成企业贯标评估 1040 家，覆盖电力、通信等 10 大领域。

当前，数字化浪潮席卷全球，逐步成长为重组生产要素资源、重塑区域发展优势、重构全球竞争格局的关键力量。我们将以习近平新时代中国特色社会主义思想为指导，站在构筑国家竞争新优势的战略高度，加快推进新型工业化，促进数字经济和实体经济深度融合。一是加强数字经济顶层制度建设。做好《“十四五”数字经济发展规划》“数据二十条”等解读宣贯，加快构建数据要素市场规则，逐步完善数据资源产权、流通交易、收益分配等基础制度。建立上下贯通、运行高效、充满活力的工作机制，确保国家战略和相关政策落实落细。二是大力推进关键核心技术攻关。深入实施创新驱动发展战略，加强人工智能、大数据、区块链、工业互联网等新兴领域前瞻布局，加快锻造形成具有比较优势和核心竞争力的长板领域，体系化提升数字技术自主创新能力。充分发挥我国超大规模市场优势，推动多元数字技术之间集成、重组与创新，实现新一代信息技术创新突破，牢牢把握竞争和发展的主动权。三是加快制造业数字化转型步伐。深入开展制造业数字化转型行动，聚焦工业互联网、工业大数据、供应链管理、生产设备数字化等重点领域，完善融合发展标准体系，引导企业打通设计与制造、消费与生产、管理与服务之间的数据流，加快上云用数。开展新一代信息技术与制造业融合试点示范，推动数字产业集群化发展，高水平建设大数据领域国家新型工业化产业示范基地，高质量建设中国软件名城（园），打造世界级数字经济产业集群。四是营造开放健康安全数字生态。加快发展数据资产评估、登记结算、交易撮合、争议仲裁等市场运营体系，培育数据交易市场。鼓励融合新业态加快发展，按照“鼓励创新，包容审慎”的原则，科学制定监管政策，保护各类市场主体依法平等进入。落实数据安全相关法律法规和政策标准，强化关键数据资源保护能力，统筹发展与安全，营造良好产业生态。

筑牢关键底座　激活发展动能

中国联合网络通信集团有限公司党组成员、副总经理　曹兴信

随着新一轮科技革命和产业变革加速演进，数字经济正在成为重组全球要素资源、重塑全球经济结构、改变全球竞争格局的关键力量。党的二十大报告指出，“加快发展数字经济，促进数字经济和实体经济深度融合”“加快建设网络强国、数字中国”。发展数字经济、建设数字中国已经成为抢占数字时代发展主动权的重要举措，是推进中国式现代化的重要引擎和构筑国家竞争新优势的有力支撑。当前我国数字经济保持高位增长，中国信通院数据显示，2022 年我国数字经济规模达 50.2 万亿元，总量稳居世界第二，同比名义增长 10.3%，占国内生产总值比重提升至 41.5%，我国数字经济正进一步向做强做优做大的方向迈进，持续为国民经济稳增长保驾护航。

立足党的二十大开启的新篇章，中国联通深入贯彻落实国家关于发展数字经济、建设数字中国的重要指示精神，勇担“数字信息基础设施运营服务国家队、网络强国数字中国智慧社会建设主力军、数字技术融合创新排头兵”重任，聚焦“大联接、大计算、大数据、大应用、大安全”五大主责主业，主动服务国家发展大局，奋楫数字经济主航道，全力以赴在数字中国建设新征程中发挥“大国顶梁柱”作用。

一是打通数字基础设施大动脉，筑牢数字中国关键底座。建设智能化综合性数字信息基础设施是发展数字经济、建设数字中国的基础，也是通信运营商最重要的主责主业，要坚持适度超前、以建带用、

以用促建，全面推动基础设施互联互通、数据要素高效流通，进一步激活新应用、拓展新形态、创造新模式。中国联通携手中国电信开展 5G 网络共建共享，推动了中国 5G 建设规模迅速实现全球领先，累计为国家节省投资超过 2700 亿元，节约运营成本每年超过 300 亿元，减少碳排放每年超 1000 万吨，为 5G 规模化建设与低碳减排提供了范例。目前，通过共建共享和 900MHz 低频打底网建设，中国联通已拥有 130 多万 5G 基站，占到全球 30% 左右，农村及边远地区的网络覆盖水平进一步提升，为数字中国建设打下坚实基础。

二是推进数字化网络化智能化的融合创新，激活数字中国发展动能。创新是数字经济发展的核心驱动力，技术融合创新和应用融合创新加速数字经济发展要素融通，为数字中国建设注入澎湃动能。中国联通准确把握数字化网络化智能化方向，推进 5G 为代表的 ICT 技术迭代演进，不断增强数字政府、数字经济、数字社会建设的加速度，目前已累计打造 1.9 万个 5G 规模化应用项目，数量行业占比超过 40%。特别是将“5G+ 工业互联网”作为推进新型工业化的新“工具箱”，累计落地 9000 多个“5G+ 工业互联网”项目，为传统产业转型升级装上“数字引擎”，为战略性新兴产业发展壮大插上“数字翅膀”，为产业经济运行的精准分析、科学施策打造“数字大脑”，推动“5G+ 工业互联网”实现规模和价值的双重跃升，助力实体经济高质量发展。

三是筑牢可靠安全防线，护航数字中国高质量发展。伴随数字经济的高速发展，网络空间已成为继陆海空天之后的第五大主权空间。随着数字技术与实体经济深度融合，安全风险加速向现实传导、渗透、叠加、放大，构建安全可信的数字生态已经成为数字中国高质量发展的重要保障线。中国联通贯彻落实总体国家安全观，充分发挥国家队主力军作用，强化云网数智链安的一体化安全基础能力，构建集网络、数据、应用于一体的全方位、立体式安全防护体系，圆满完成党的二十大、北京 2022 年冬奥会和冬残奥会、国家云外交等最高等级的通信安全保障任务，为数字中国筑牢可信可控的数字安全屏障。

立足中国式现代化建设新征程，中国联通将牢牢把握高质量发展首要任务，充分发挥科技型骨干企业在数字中国建设中的引领支撑作用，携手产业各方，持续为赋能数字经济高质量发展、加快数字中国建设贡献联通力量。

推动数字经济效率换挡提升

中国信息通信研究院副院长　王志勤

我国总体已形成横向联动、纵向贯通的数字经济战略体系。党中央持续强化数字经济战略部署。党的二十大报告提出，要加快发展数字经济，促进数字经济和实体经济深度融合，打造具有国际竞争力的数字产业集群。数字经济顶层战略规划体系持续完善。国民经济“十四五”规划将“加快数字化发展，建设数字中国”单独成篇，《“十四五”数字经济发展规划》成为首部国家级数字经济专项规划，《数字中国建设整体布局规划》提出数字中国建设整体布局的顶层设计和战略路径。行业和地方加快推动数字经济战略落地。我国建立 20 部门协作的数字经济发展部际联席会议制度，数字经济发展由单部门推动向多部门协同发展转变。各地加大布局数字经济力度，超半数省市出台数字经济相关规划，31 个省区市均在 2023 年政府工作报告中提及数字化发展目标和举措。

数字经济成为驱动我国经济发展的关键力量。2022 年，数字经济规模达到 50.2 万亿元，同比名义增长 10.3%，数字经济占 GDP 比重为 41.5%，2012—2022 年，数字经济占 GDP 比重年均提升约 2.1 个百分点，是 2002—2011 年的一倍以上，数字经济从国民经济的组成部分转变为经济发展的引领力量。从动力看，工业数字化占产业数字化比重明显上升，工业数字化与服务业数字化渗透率增幅的差异由 2017 年的 2.6 个百分点缩小到 2022 年的 0.4 个百分点，服务业数字化和工业数字化“双引擎”驱动数字经济发展。从贡献看，我国数字化投入的经济增长贡献度持续上升，近年来逐步超过传统投入贡献度，经济增长的主要动力来源加速向数字化方向转型。从效率看，数字经济投入产出效率实现跨越式提升，由2002年的0.9提升至2022年的约3.0。分行业看，2017—2022年，数字技术对工业效率的提升作用更显著，提升了1.14倍。

我国数字经济重点领域加速发展。5G应用进程进一步加速。我国建成全球最大的5G独立组网网络，截至2023年4月，5G基站数量达到273.3万个，占全球比重超过60%。工业互联网融合应用成为5G应用主战场，我国5G+工业互联网已由非核心制造环节向核心制造环节深化拓展。人工智能技术从赋能产业升级到推动人类进步。“大模型+大算力+大数据”是人工智能的主要发展路径，类GPT代表的有限度通用智能快速发展，同时，海量专用小模型正在与行业核心业务结合。未来五年，人工智能将实现规模应用，向开放环境的智能体演进。数字化转型成为系统性变革。数字化转型正由效率变革向价值变革、由企业内向产业链价值链拓展。工业互联网打造“数据驱动+行业机理与知识”的优化范式，为数字化转型提供路径和方法论。数据要素价值稳步释放，数据驱动产业经济效益提升能力初步显现，对第一、二、三产业的经济贡献度分别达到0.07%、0.16%、1.07%。

当前，新十年的发展大幕已然开启，我国数字经济步入量质齐升的新一轮快速发展期。一方面，数字经济规模稳步增长，预计到2025年超过60万亿元，到2032年超过100万亿元，十年间增长超过50万亿元，进一步成为国民经济增长的重要支撑；另一方面，数字经济效率加速换挡提升，到2025年，我国数字经济整体投入产出效率将提升至3.5，数字经济相关要素配置更加有效。

促进时空信息基础设施建设

自然资源部中国地质调查局原副局长　李朋德

您是否迷过路？这次参加会议不会！因为有足够的信息和周到的服务。但是我们小时候都会迷路，长大后到人生地不熟的地方也容易迷路，到老了更会迷失方向。2014 年诺贝尔生物学与医学奖颁发给了三位科学家，他们在人类大脑的位置传感细胞方面有重大发现；2017 年的诺贝尔生物与医学奖颁给了另外三位科学家，他们在人的生物钟方面有了新发现。我们在哪里？去哪里？怎么去？这是人类生存的基本能力。全世界正在快速迈入老龄化社会，社会服务的智能化成为急迫需求，而数字化、网络化和智能化时代，研发越来越智能的设备和机器人，这些机器需要具备空间、时间智能。人类治理世界，要很好地认识世界，各类机构的地理空间智能水平，需要每个工作人员空间智能能力的提高。

我们能够在这里共同研讨数据的应用和价值实现，是因为我们知道活动的时间和地点，来到这里才能见面。共同探讨关心的数据问题，才能碰撞出来火花。世界的转型发展受益于科技创新、互联网发展和全球基础设施建设，经济社会正在逐渐恢复繁荣。高铁、共享、扫码支付和便捷物流，时空信息和平台促成了人、物、钱、运、网的关联，形成了新业态新模式。

数据既简单又复杂，数据各种各样，人类一直在探索获得更多更准的数据，基于数据开展规划设计和决策。时空测量为数据提供位置和时刻。数据需要获取、存储和应用，而获取方法方式与各个学科有关，存储与媒介有关，应用更是开放的。数据是一种特殊的存在，是物质的表现，是安全、是隐私、是财产、是权力。

数据成为第五生产要素。在信息时代，数据像土地、人才、资金和技术一样，是一种新资源。数据是全面掌握现状、溯源过去、推演未来的重要信息。相应地，要大力发展物联网、大数据以及人工智能，才能发挥数据的潜能。

数据要素亟待依法治理。中国有句俗语叫“心里有数”，就是说决策有依据，数据太重要了。对数据的管理和利用能力，是国家治理现代化的重要体现。数据的法律体系刚刚起步，治理体系正在建立，全球都面临这样的难题。

数据生态体系健康发展需要解决一系列问题。数据与其他资产不同，其特殊性决定了依法管理很难。权属的认定、登记和收益是最难的。

时空信息能力建设与发展。科技发展飞速，数字孪生在仿真建模预警体系中发挥着作用，而空间的数字化为智能化对象提供了自动感应坐标系。测绘的方式也在发生重大变化，从前是测绘一次使用多次，现在进了一大步，许多次测绘可以共用。智慧世界建设需要具备全球化的时间、空间感知、现状感知、通信和数据云。

联合国于 2011 年成立了全球地理信息管理专家委员会，开展了交流，提升了能力，构建了工作体系。尤其是提出的地理信息综合框架，成为指导各国提高时空信息能力的遵从。该框架从九个方面做了设计和规划。

时空数据与统计数据融合是一种新生态系统。联合国一直在推进统计数据与地球空间数据的融合、推进互联网治理，未来一定会在全球数据生态系统构建上发挥重要引领作用，让数据拥有时间空间、以

地球空间支撑数字地球。

2030 可持续发展目标与指标体系。2030 可持续发展目标是对各个国家提出的要求，也是每个公民和企业的责任义务。然而，各个国家的发展现状不同，如何获得数据？如何指导规划和实施？如何科学评估？需要解决地球观测和统计数据以及网络大数据的融合和挖掘等问题。

仙台防灾减灾框架的中期评估与城市洪涝难题。要拥有韧性的社会，就需要建立认知体系、感知体系、处理应对和预案体系。但很多应急预案是孤立制定的，缺少综合和演练。

巴黎协定与碳排放核查难题。控制地球温度的快速上升，就要控制二氧化碳等温室气体排放。要在外交、法律、科技、财政等方面加强。尤其是如何核查碳排放？需要专门的技术标准和协议。

时空数据的融合促进世界孪生在线。诸多国家高度重视深空深地深海和深蓝探测，不断通过科技创新实现多元传感数据的融合，从而可以更精准地描述地球。

时空数据价值无限。自然世界在三维空间和时间方向上延伸，没有什么人、物和事可以脱离时间空间。人类一直希望探测观测监测这个世界并准确表达，而时间的测定反映了人类的科学技术水平。地球观测组织致力于全球地球观测体系和应用，深时数字地球作为一个国际大科学计划，也将促进时空数据综合。智能化的飞机和车辆需要精准时空数据，同时产生巨量的时空数据。我们在使用智能手机的同时，也产生着大量的时空大数据。

共建智慧世界。我们要高度重视数字经济和国家能力建设，促进数据科学发展和创新，探索良好的国家治理体系，试验数据交易，也要共建全息数字地球框架，促进时空信息基础设施建设，为智慧世界赋能。

健全数字经济治理体系

国家信息中心首席信息师　张新红

我国数字经济仍处在加速发展的快车道上，但最近几年平台经济出现了创新不足、活力不足、信心不足的新情况，对进一步完善数字经济治理体系提出了新要求。2018 年起，我国对平台经济的强监管收到明显成效，在政策落实过程中也出现一些不利于实现平台经济规范健康可持续发展目标的做法，中央和国家层面的政策指向到了有些部门和地方就有点变样，使监管变成了整治、严惩、管住、管死。种种迹象表明，我国数字经济发展到了关键时期，健全完善数字经济治理体系需要重点关注四个关键子系统建设。

一、需要健全完善多元共治的组织体系

与传统工业经济形态相比，数字经济具有一些新的特征：其一，跨领域、跨行业、跨地区，涉及面广；其二，参与者众多，一个平台可以集聚海量的供给方、需求方、投资方、服务第三方等；其三，问题和矛盾多样，几乎涉及所有的经济和社会问题；其四，不定型、变化大，数字变革持续推进使得数字经济新业态、新模式大量涌现并不断演化；其五，虚实融合，新技术带来监管新难题。

上述这些特征决定了数字经济治理的主体多元化，任何一个单独的部门或地区都不可能达成治理目标，需要建立多元协同共治的治理

结构体系。从实践看，在强化平台治理、引导行业自律、保护市场主体权益、完善社会参与机制等方面都还有许多工作要做。各治理主体内部的协同、各治理主体之间的协同将是实现多元共治的重点和难点，需要在实践中不断探索、调整、完善。

二、需要健全完善良法善治的规则体系

治理体系本质上就是要建立一套系统完整并能够高效运转的规则体系，包括法律法规体系、标准规范体系、政策措施体系、协作制度体系等。

从实践看，要健全完善数字经济治理规则体系还有很长的路要走。有些领域的法律法规、标准规范严重缺失，面对新问题会遇到无法可依的局面。有些领域政出多门，从业者无所适从。有些法规、制度、标准已经无法适应数字经济发展，甚至一些新出台的部门和地方性法规从一开始就无法执行下去。

“良法善治”应该成为数字经济治理规则体系的一个基本标尺，其衡量的标准就是要看是否有益于实现“规范健康可持续发展”的总目标。

三、需要健全完善精准高效的方法体系

规则体系建立之后，如何让其发挥有效作用，还需要一整套的方法体系来贯彻落实。这些方法手段包括法律手段、行政手段、经济手段、教育手段、道德手段、技术手段等。

数字经济治理应表现为以法律为准绳、以信用为基础、以数据为依据、以数字技术为支撑的多重手段并用。

四、需要健全完善完整有序的评价体系

治理体系是否健全有效，不仅要看数字经济发展的实际成效，还要认真分析存在的问题、产生的原因以及可能带来的影响。对于评价中发现的问题，应及时反馈、督促改进或协商解决。

对数字经济治理体系的监测评估至少应包含三方面的内容：第一，对数字经济发展成效进行监测评估，重点考察数字经济发展概况、数字经济创新活力、数字经济基础与环境等；第二，对数字经济发展规划任务落实进行监测评估，重点考察规划提出的目标、任务完成情况；第三，对数字经济治理体系本身进行监测评估，重点考察是否建成、科学性、运行状态、落实成效等。

治理创新的难点在于如何平衡数字生产力与工业化制度的冲突、新经济对传统经济的冲击、网络化与属地管理之间的矛盾等，需要大胆实践、大胆创新，更需要大智慧。

在具体工作中，应加强政策的宣传与培训，认真总结经验教训，用发展的眼光看待平台经济出现的问题，创新治理理念和监管制度，不断提升治理能力。

数字经济的实践发展快于理论、政策、法律仍将是一个常态，治理体系的完善也将是一个漫长的动态过程。判断数字经济治理体系好坏的标准可以看是否符合“三个有利于”原则：有利于数字经济创新发展、有利于构建国家竞争新优势、有利于提升人民福祉。

构建全要素全链条数字经济生态圈

重庆市九龙坡区委书记　李春奎

2022年数字经济论坛形成了很多新观点、新成果，让我们更加深刻地认识到，发展数字经济是把握新一轮科技革命和产业革命新机遇、推动高质量发展、创造高品质生活、实现高效能治理的“关键变量”，启发我们要始终把发展数字经济作为构建现代化产业体系的战略抓手，以此推动发展质量变革、效率变革、动力变革。经过近半年的实践，九龙坡的数字经济在数字中国、数字重庆建设的宏大背景下，又取得了一些积极成效，100万平方米的数字经济产业园正成势见效，集聚“四上”数字企业249家，打造了政务服务“一张网”、生态治理“一平台”、民生保障“一件事”等一批特色应用场景，数字经济核心产业增加值占GDP比重达11%，逐步呈现蓬勃发展之势。从中我们深刻地体会到，要做优做强做大一个区域的数字经济，需要从以下三个维度认识好、把握好其间蕴含的发展逻辑、实践逻辑。

一是从认识论的维度看，发展数字经济需要把握好数字化建设带来的战略机遇。建设数字中国是数字时代推进中国式现代化的重要引擎，是构筑国家竞争新优势的有力支撑。党的十八大以来，习近平总书记统筹国内国际两个大局，审时度势作出建设数字中国的重大战略决策，擘画了数字中国建设的宏伟蓝图，其中明确要求要推进重点领域数字产业发展，打造世界级数字产业集群。重庆坚持把数字化建设放在中国式现代化的宏大场景中来谋划推进，围绕“1361”整体框架规划布局了数字党建、数字政务、数字经济、数字社会、数字文化、数字法治“六大系统”，配套实施重大改革、重大政策、重大项目、重大平台。我们切身感受到，无论是数字中国建设的战略决策，还是数字重庆建设的具体部署，都蕴含着重大机制创新、重大政策指引、重大项目布局、重大平台支撑，这些为我们发展数字经济提供了科学的顶层设计、坚实的基础底座、强大的技术支撑和丰富的应用场景，为我们推动数字经济发展带来了前所未有的战略机遇、拓展了广阔的市场空间。只要我们乘势而上、顺势而为，把握新机、抢占先机，就能不断塑造数字经济发展新优势，积蓄高质量发展新胜势。

二是从方法论的维度看，发展数字经济需要发挥好“有为政府”与“有效市场”的作用。“有为政府”与“有效市场”有机结合，既是中国经济长期快速发展成功经验的精髓，也是未来发展应当始终遵循的根本准则。数字经济作为一个开放复杂的巨系统，更需要加强政府侧和市场侧的协调联动。政府侧重在强化制度设计、政策引导、平台搭建，提供更多的场景需求、要素保障、公共服务，为市场侧的深度参与创造有利条件；市场侧重在技术创新、系统构建、场景拓展、应用开发，满足好市场需求、提供好服务产品，充分释放数字生产力。比如，我们在发展工业互联网中，始终坚持政府引导、市场主导，在广泛收集区域企业所需多跨场景应用、市场拓展需求的基础上，引育了以忽米网、蓝卓工业互联网为代表的市场主体，并积极推动忽米网成为西部首家国家级“双跨”平台，为工业企业实现数字化转型升级提供了解决方案。下一步，我们将充分发挥好“有形之手”和“无形之手”的作用，通过数字化手段重塑政府与市场的关系，用好重大需求、多跨场景应用、重大改革“三张清单”，强化需求撬动，促进供给侧与需求侧、政府侧与市场侧高效联动，推动全产业链、全要素链、全创新链、全价值链高效链接，致力让数字经济发展之路越走越宽广。

三是从实践论的维度看，发展数字经济需要构建好有利于“数字产业化”与“产业数字化”的生态。良好的产业生态圈对产业发展来说，犹如阳光、水、空气，须臾不可缺少。数字经济作为新兴产业，更加需要构建好、打造好、营造好优质的发展环境，唯此才能推动其茁壮成长、发展壮大。实践中，我们聚焦数字经济发展所需的数字资源支撑、平台承接、服务优化、人才驱动、资金撬动等要素保障，全力构建数字赋能实体经济的生态圈。比如，我们全面融入重庆一体化智能化公共数据平台建设，加快打造全区运用项目“一本账”，提速推进中国联通5G融合创新中心、润泽科技大数据中心和智算中心建设，推动区域数字资源综合集成，夯实了数字经济发展的基础底座。又如，我们高标准建设了数字经济产业园、重庆数字大厦，谋划建设“满天星”大楼，规划打造数字产业“星耀小镇”，初步构建起“一园两楼一小镇”的数字经济发展格局，进一步拓展了承载平台和发展空间。再如，我们在重庆率先推出“视频办”“随时办”“就近办”政务服务“一张网”，推动企业开办时间最短缩至2小时，大力实施“数聚龙才”计划，并组建成立30亿元的渝富龙泽新兴产业并购基金，重点投向数字产业发展，基本形成了全要素全链条的数字经济生态圈，为数字经济在九龙坡的高质量发展厚植了沃土。

以更大力度推动数字经济创新提质

时任浙江省经济和信息化厅党组成员、副厅长　厉　敏

一、率先谋划、接续奋斗，浙江数字经济走在前列

浙江是数字经济发展先行省。早在 2003 年习近平总书记在浙江工作期间，就前瞻性布局建设“数字浙江”，开启了一场勇立潮头的数字变革实践。20 年来，历届省委省政府接续奋斗、开拓创新，从 2014 年信息经济，到 2017 年数字经济“一号工程”，到 2022 年“一号工程”升级版，再到 2023 年创新提质“一号发展工程”，浙江在推动数字经济发展上已走过十年路程。在数字经济规模、产业数字化、数字治理能力等方面均走在全国前列，全国首个“两化”深度融合国家示范区、全国唯一国家信息经济示范区、全国首批国家数字经济创新发展试验区、全国首批数据基础制度先行先试区先后落户浙江，世界互联网大会乌镇峰会迎来办会 10 周年。国家网信办发布的《数字中国发展报告（2022 年）》显示，浙江连续两年数字化综合发展水平全国第一，数字经济已经成为浙江经济高质量发展的一张“金名片”。

一是数字经济规模占 GDP 比重居全国省区第一。这二十年，浙江按照习近平总书记擘画的信息产业发展蓝图，高水平建设全国数字产业化发展引领区。2022 年，浙江数字经济规模 4 万亿元左右，占 GDP 比重已达到 50.6%，在全国省区市中排名第一，核心产业

增加值达 8977 亿元，占 GDP 比重达 11.6%。数字产业集群持续做大做强，数字安防、云计算、大数据等具备全球影响力，培育出数字经济领域超千亿企业 2 家、超百亿企业 45 家、上市企业 164 家，涌现出阿里巴巴、海康威视、网易、新华三等为代表的全球知名企业。

二是产业数字化水平居全国第一。这二十年，浙江按照习近平总书记关于坚持以信息化带动工业化的指示精神，高水平建设全国产业数字化转型示范区，产业数字化指数、县域数字农业和农村发展总体水平连续 3 年居全国第一。率先探索“产业大脑 + 未来工厂”新范式，建设工业行业产业大脑 46 个，未来工厂 52 家、智能工厂（数字化车间）601 家、数字农业工厂（数字牧场、数字渔场）210 家。在全国率先实现跨境电商综试区省域全覆盖，建成移动支付之省，直播电商、无人经济等新业态新模式领跑全国。

三是以数字化改革引领数据价值化。这些年来，浙江认真落实习近平总书记重要指示精神，以数字化改革为引领，积极探索实现数据要素价值的新路径。一体化智能化公共数据平台取得实战实效，公共数据应用综合指数、大数据资源指数和行业应用指数均居全国第一，产业数据价值化改革率先突破，全国首个产业大脑能力中心上线运行，温州“数安港”率先形成数据产业全生态合规体系。

四是数字经济体制机制率先破题。这二十年，浙江坚持改革先行，接续实施“最多跑一次”改革、政府数字化转型、数字化改革，数字治理率先破题，成为全国数字经济体制机制创新先导区。数字经济立法率先突破，出台首部数字经济促进条例、公共数据促进条例、电子商务条例等地方性法规。推动平台经济健康发展，首创“浙江公平在线”“浙江外卖在线”等重大应用。数字创新生态加速构建，高端人才加速流入，创业创新汇聚浙江。

二、往高攀升、向新进军、以融提效，全力建设数字经济高质量发展强省

当今世界，发展数字经济是时代大潮、全球趋势，是全球经济高质量发展的核心动力和国际竞争的战略制高点。对标习近平总书记“不断做强做优做大”的要求，浙江在数字技术创新、新兴产业布局、数据价值释放等方面仍有差距，先发优势递减、政策红利渐失，面临着“6 个如何突破”（如何在数字关键核心技术上再突破？如何在数字产业竞争实力上再突破？如何在推动数实深度融合上再突破？如何在激活数据要素价值上再突破？如何在平台经济健康发展上再突破？如何在优化数字经济生态上再突破？）的重大考验。

面对新征程新使命，浙江省委、省政府立足当下、决胜未来，提出以更大力度实施数字经济创新提质“一号发展工程”，制定了“1358”发展路径和“五区四中心”目标，奋力往高攀升、向新进军、以融提效，加快构建以数字经济为核心的现代化产业体系，全力建设数字经济高质量发展强省。

一是加快实现高水平数字科技自立自强。聚焦破解“卡脖子”难题，加快实施数字关键核心技术攻坚行动。聚焦人工智能、智能计算、新一代通信网络等领域，每年实施 200 项“双尖双领”攻关项目，力争每年形成 30 项硬核科技成果。加强数字经济领域实验室体系建设，争创国家实验室基地、国家重点实验室、国家技术创新中心、制造业创新中心。

二是打造世界级新一代信息技术产业群。加快实施数字产业竞争优势提升攻坚行动，集中资源竞逐数字产业新赛道，打造世界一流数字企业，做优做强数字安防、集成电路等特色产业集群。培育壮大人工智能等“新星”产业群，布局探索未来产业，推动数字产业综合实

力大跨越。力争到 2027 年全省数字经济增加值和核心产业增加值突破 7 万亿和 1.6 万亿，在 2021 年基础上实现“双倍增”。

三是加快实现数字化改造“三个全覆盖”。深入实施“产业大脑 + 未来工厂”赋能攻坚行动，构建“数字化车间—智能工厂—未来工厂”的制造业数字化改造路径，开展“数字化商铺—数字化交易区—未来市场”的商品市场智能改造，推进“数字化基地—数字农业工厂—未来农场”的农业数字化梯度培育，着力增添数实融合新动力。力争到 2027 年，全省建成未来工厂 100 家、未来市场 50 个、未来农场 100 个。

四是打造国家数据基础制度先行先试区。贯彻落实“数据二十条”，加快实施数据要素价值释放攻坚行动。深化数据要素市场化配置改革，促进数据要素资源化、资产化、资本化。推进公共数据授权运营，深化产业数据价值化改革，探索多样化的数据开放利用方式。聚焦医疗健康、社会治理、产业发展、公共服务等领域，先行拓展数据价值化场景应用。

五是打造全球一流数字经济发展新生态。全面推进营商环境优化升级“一号改革工程”，加快实施数字生态活力激发攻坚行动、平台经济创新发展攻坚行动，持续优化制度环境，支持平台企业引领技术创新，汇聚壮大优秀数字人才队伍，筑牢全过程数字安全屏障，营造一流数字经济创新创业生态，在中国式现代化新征程上再创浙江发展环境新优势。

加快推进数字产业化、产业数字化

时任贵州省贵安新区管委会副主任、贵阳市政府党组成员　毛胤强

贵阳贵安大数据的发展，始终得到习近平总书记的关心关怀和国家部委的指导帮助。2015 年，习近平总书记到贵州视察时，充分肯定“贵州发展大数据确实有道理”。2021 年春节前夕，习近平总书记再次到贵州视察，要求我们“在实施数字经济战略上抢新机”。2022 年，国务院印发《关于支持贵州在新时代西部大开发上闯新路的意见》，赋予贵州“数字经济发展创新区”的战略定位，指明贵州要“深入实施数字经济战略，强化科技创新支撑，激活数据要素潜能，推动数字经济与实体经济融合发展，为产业转型升级和数字中国建设探索经验”。自 2014 年率先举起大数据发展的大旗以来，我们始终坚持先试先行、走新路、开先河。截至目前，我们获批全国首个大数据综合试验区、国家数字经济发展创新区、大数据及网络安全示范试点城市、中国南方数据中心示范基地、全国一体化算力网络国家枢纽节点、面向全国的算力保障基地等诸多试验、试点和示范，在先行先试中打造了大数据发展的 1.0 版，以一域之实践彰显了“数字中国”建设的巨大成就，为国家大数据战略发展和数字中国建设贡献了智慧和方案。

当前，数字经济正在成为重组全球要素资源、重塑全球经济结构、改变全球竞争格局的关键力量，成为推动经济高质量发展的新动能。我们牢记嘱托、抢抓机遇，按照贵阳市委、市政府制定的数字经济发展“一二三四”工作思路，保持战略定力、坚定发展信心，

加快推进数字产业化、产业数字化，让数字经济为高质量发展注入新活力。

一、坚持“数字活市”一大战略

我们提出“数字活市”战略，就是以数据激活城市各类资源要素，推动城市的生产、生活方式和治理模式变革，不断催生新产业、新业态、新模式。坚持“数字活市”战略，有利于推动构建贵阳贵安强省会新发展格局，推动各类资源要素快捷流动、各类市场主体加速融合；有利于推动贵阳贵安建设现代化经济体系，数字经济不仅是新的经济增长点，更是改造提升传统产业的关键支点；有利于推动贵阳贵安构建新的竞争优势，抓住新一轮竞争重点，抢占数字经济未来发展制高点。2022 年，我们数字经济增加值占 GDP 比重达 49.2%，超过全国平均水平 7.7 个百分点。

二、主攻“一硬一软”两大产业

“一硬”即电子信息制造业，是当今全球范围内最具创新活力和发展潜力的高新技术产业之一。近年来，我们突出发展芯片制造、电子元件和电子器件、电路板、电子终端产品、服务器五个板块，围绕数据中心产品和服务需求，聚焦 400 万台服务器承载规模，紧盯服务器整机及其零部件制造、存储设备、光模块等产业细分领域，云上鲲鹏、浪潮英信等一批服务器整机制造项目已陆续释放产能，中电光谷、蛇口网谷、航谷等一批重点项目正加速建设，产业积聚成势。

“一软”即软件和信息技术服务业，是关系国民经济和社会发展全局的战略性、先导性产业。我们正实施“软件再出发”行动，聚焦云服务、信创和数据要素流通“一主两特”重点产业，做优软服业结构、做大软服业规模。2021 年、2022 年工信部 500 万口径软件业务收入增速连续两年超过 50%，2022 年对经济增长贡献率达 45%。值得一提的是，我们的“首位产业”——云服务，2022 年收入突破 500 亿元，华为云全球总部落地贵安新区。

三、强化“数据存起来、跑起来、用起来”三个重点

一是把数据“存起来”。我们抢抓“东数西算”工程重大机遇，聚焦金融、国家部委、互联网头部企业、大型央企四大板块，规划了 1.5 万亩用地，不断强化数据中心建设，把数据存起来，持续巩固全球集聚超大型数据中心最多地区之一的优势。贵州跻身全国一体化算力网络八大枢纽行列，贵安数据中心集群成为全国十大集群之一、国家数据中心“新三线”。到 2025 年，400 万台以上服务器将集聚成巨大的数据“钻石矿”，呈现在我们面前的是一个千亿级的数据中心上下游产业市场。

二是让数据“跑起来”。我们启动数字新基建三年攻坚行动，加快网络设施提质升级，让数据跑起来，打通数据时代的信息“大动脉”。我们在 2017 年建成国家互联网骨干直联点、2019 年建成根服务器镜像节点和国家顶级域名节点、2020 年建成国际互联网数据专用通道，实现与全国 38 个重要城市网络直连。同时配合国家开展算力网电力网一体化协同建设试点工作，工信部也在支持我们升级网络层级，打造 5ms、10ms、15ms 网络时延圈，实现与更多城市之间的热数据传输，目标就是打造最好的国家算力网络枢纽节点网络环境。

三是将数据“用起来”。我们着力推动数字场景融合应用，将数

据用起来，不断深化数字经济与实体经济的融合赋能。2022 年，我们获评国家信息消费优秀示范城市，“探索建设数字丝绸之路贸易港”入选全国最佳实践案例。我们正在开展“一市长一示范”场景打造工作，由每位分管市领导领衔推动一项示范应用场景，引领带动打造一批数字应用场景，从而培育一批新企业、形成一批新产品。未来，贵阳贵安将开放更多的场景需求，为各类企业提供市场机会，奋力打造全国数字经济技术模式、商业模式的首选试验田。

四、打造“一会一所一城一中心”四个品牌

“一会”即中国国际大数据产业博览会。作为全球首个大数据主题博览会，已经成功举办九届，我们秉承“全球视野、国家高度、产业视角、企业立场”办会理念，坚持“国际化、专业化、高端化、产业化、可持续化”原则，以“数据创造价值　创新驱动未来”为大会主题，以全球共享数字经济发展机遇为目标，汇聚业界大咖，搭建共享交流平台，已成为全球大数据发展的风向标，是业界最具国际性和权威性的交流合作平台。2023 年数博会以“数实相融　算启未来”为年度主题，突出“国际化、专业化、项目化、立体化”特点，举办了 220 余场活动，展出新产品、新技术、新方案 900 余项，发布国际国内领先科技成果 20 项，参会观展人数创历史新高，规模空前。

“一所”即贵阳大数据交易所。贵阳大数据交易所作为全国第一个大数据交易所，成立于 2015 年。2022 年大数据交易所完成了优化提升，发布了全国首套数据交易规则体系，成为全国首个数据要素登记 OID（对象标识符号）行业节点，上线了全国首个“气象专区”与全国首个“算力资源专区”，在先行先试探索气象数据交易、部委数据入场交易方面迈出了关键的一步。

目前，大数据交易所累计入驻数据商已有 589 家，交易额突破 13.8 亿元。我们积极引导大数据交易所与各类金融、保险机构合作，探索数据资产化、数据股权化、数据证券化等数据资本化形式，争取在全国率先走出数据资本化路径。

“一城”即贵阳大数据科创城。大数据科创城是贵阳贵安融合发展的核心区域之一，规划面积 54 平方公里，以“全省数字产业和人才集聚区、数字场景应用示范区、生态文明展示区”为定位，全力打造全省科技创新中心。凭借优厚的政策和优越的地理，2022 年，大数据科创城吸引超过 400 户企业落地，乘云而上，势不可挡。

“一中心”即国家大数据（贵州）综合试验区交流体验中心。交流体验中心兼具“传播、展示、体验、教育”四大功能，是贵州大数据产业发展的微缩景观，是传播国家、省、市数字经济战略的做法和成果的重要载体，为全面实施国家大数据战略贡献“贵州智慧”和“贵州方案”。

千川江海阔，风好正扬帆。贵阳贵安正坚定不移做“数字中国”的践行者，争当“数据二十条”的先行者，在实施数字经济战略上抢新机，高质量打造国家数字经济发展创新区核心区，为网络强国、数字中国建设探索贵阳贵安实践和经验。我们将继续整合产业链优势资源，打造优势互补、强强联手的创新条件，携手在大数据这条新赛道上跑出新的精彩，在数字经济千帆竞发中继续勇立潮头。

加快建设“东数西算”示范基地

宁夏回族自治区中卫市委常委、副市长，
中卫工业园区党工委书记　郭爱迪

中卫市位于宁夏中西部、宁甘蒙三省区交汇处，地处我国陆地几何中心，是宁夏回族自治区一个地级市，辖沙坡头区、中宁县和海原县，总面积 1.74 万平方公里，平均海拔 1300 米，常住人口 108 万。自 2013 年发展云计算和大数据产业以来，相继获批国家（中卫）新型互联网交换中心和全国一体化算力网络国家枢纽节点（中卫数据中心集群），成为全国首个“双节点”城市，先后跻身“全国一体化算力网络国家枢纽”八大节点，被列入国家十大数据中心集群。2021 年在中国信通院发布的数据中心产业发展总指数中列全国第九、西部第一，2023 年荣获“东数西算标杆城市”殊荣，“变黄沙戈壁为创新发展新热土”被国务院通报表扬，人民网记者笔下“沙漠水城　云天中卫”的靓丽标签更加耀眼。

中卫发展数据中心集群的优势有以下几方面：独特的地理条件，我市发生七级以上地震概率为 1.8×10^{-16}，基本为零；地处祖国腹地，是光纤网络覆盖全国最优路径选择点；年平均气温 8.8℃、平均风速 3.3 米 / 秒，适宜采用全自然风冷技术；丰富的水电资源，宁夏用电、用水、天然气价格相对较低，用地指标有保障；完善的政策及基础设施，自治区每年配套 1 亿元资金，专门印发《关于支持中卫大数据产业中心市高质量发展的实施方案》等文件，集群建成了 4 条主干道路、4 座 110 千伏变电站、20 公里供排水主管网，为数据中心建设提供了坚实的基础保障。

近年来，中卫市按照习近平总书记关于数字中国决策部署，以数字宁夏和云天中卫建设为契机，大力发展数字经济，主要取得了以下四个方面的成效。一是产业集聚效应显著。我们既有三大运营商数据中心“国家队”，也有亚马孙、美利云、天云网络等行业数据中心“排头兵”，先后建成投运大型、超大型数据中心 13 个，现有机房面积达 28 万平方米，累计安装机柜 5.13 万个，上架率超过 76.7%，平均 PUE 低至 1.2，集群资产规模近 400 亿元，带动解决就业 4000 人以上，信息传输、软件和信息技术服务业增加值连续多年保持在 20% 以上增速。二是积累经验理念成熟。经过 10 年的发展，中卫在数据中心建设和运维方面经验丰富，具备绿色、安全、高效、集约、智能的成熟解决方案，连续举办 5 届云天大会，其中西云算力数据中心历时 3 个月建成，创造了国内数据中心建设的“最快速度”。三是算力网络保障突出。建成至北京、上海、广州、成都等地直达链路，互联网出口带宽达到 15.9T，实现中卫到北京单向时延 8—10 毫秒，到上海单向时延 15 毫秒以内，形成全自然风冷技术的新一代绿色数据中心解决方案，“云天中卫”品牌影响力从管理到技术上不断提升。四是营商环境持续优化。区、市联动打好土地、电力、网络、人才等系列政策“组合拳”，先后拨付数笔资金为中卫市作出突出贡献的云计算和大数据企业进行奖励；召开黄河流域生态保护和高质量发展先行区建设中卫市 2023 年第四次推进会暨大数据产业中心市推进会，将大数据产业“一朵云”比作中卫高质量发展“一片天”推动；在大数据企业项目建设上简化审批环节、缩短审批时间，统筹解决企业用水、用电、用地、用工等难题，全程为企业提供“保姆式”服务。

下一步，我们将紧紧围绕自治区“1357”总体思路，大力实施

“1244+N”和提质增效行动计划，加快构建全国一体化算力网络协同创新体系，加快建设“一集群、三基地”，着力建设大数据产业中心市。中卫数字产业未来的3个方面的发展方向：一是建设国家“东数西算”示范基地。全力打造网络数据交换更便捷、网络信息更安全、建设运营更省心的“中卫模式”。推进数据中心项目建设，支持储能和氢能新技术应用，打造“绿电园区”，规划绿电指标5.5GW，高标准发展绿色算力。到2025年，宁夏枢纽全面建成，标准机架达到72万架，中卫数据中心集群机架达到69万架，集群PUE平均值1.2以内，可再生能源利用率达到65%。二是建设数字技术应用创新基地。支持企业加大研发投入，实施“千企改造”工程，推动工业企业数字化、网络化、智能化转型，打造一批“数字车间”“智慧工厂”“智慧园区”。推动大数据赋能新型城镇化、农业现代化、旅游产业化等数字化发展，到2025年建成10个以上大数据融合发展应用示范。三是建设国家级数据供应链培育基地。以打造国家级数据供应链基地为战略定位，加快培育国家级数据要素市场。推进与京津冀、长三角、粤港澳大湾区、成渝等地直连网络建设，持续降低网络时延。高效运营国家（中卫）新型互联网交换中心，建设数据中心网络监测体系，探索网络资费结算新机制，进一步支持东部算力资源向西部调度。

以数字经济快速发展推动高质量发展

河北省廊坊市委常委、宣传部部长　熊　厚

发展数字经济，是把握新一轮科技革命和产业变革新机遇的战略选择。党的二十大报告提出："加快发展数字经济，促进数字经济与实体经济深度融合，打造具有国际竞争力的数字产业集群。"随着互联网、大数据、云计算、人工智能、区块链等技术的加速发展，数字经济正在成为引领未来的新经济形态，已成为推动经济社会发展和影响国际竞争格局的重要力量。近年来，廊坊市认真学习贯彻习近平总书记重要讲话精神，全面落实河北省委、省政府关于发展数字经济的部署，在全力服务支持重大国家战略中加快发展自己，牢牢牵住承接北京非首都功能疏解这个"牛鼻子"，顺时而动、应势而为，以实现"三个领先"，推动"三个率先"，快速推进数字经济发展。

实现"三个领先"：一是电子信息产业规模居全省前列，2022年，全市电子信息产业重点企业 137 家，实现营收 532.55 亿元，增速 6.75%；二是全市 5G 用户占比率、千兆用户占比率居全省首位，全市移动宽带用户数超过 654 万户，5G 用户占比 34.76%，所有行政村实现光纤覆盖率 100%；三是数据存储规模位居全省前列，已投运（部分投运）数据中心项目 23 个，规模达到 26 万架标准机柜，服务器超 100 万台，阿里巴巴、腾讯、字节跳动等互联网厂商均在使用廊坊大数据服务。

推动"三个率先"：一是全市 5G 基站数 8796 个，重点场所 5G

网络通达率 100%，在全省率先实现主城区和所有县城核心区 5G 网络全覆盖；二是京津冀地区率先建设的全栈自主可控的算力基础设施项目——河北人工智能计算中心即将投运；三是率先在全省开展智能制造诊断，对全市 1416 家工业企业开展智能制造诊断服务，覆盖面达 90%。

发展数字经济，廊坊优势得天独厚，前景十分广阔。我们将深入学习宣传贯彻习近平总书记在河北视察时的重要讲话精神，贯彻落实河北省委十届四次全会精神，以打造全省领先的数字经济高地、数字化治理示范区和数字融合发展先行区为目标，主动谋划、积极作为，使数字经济成为新时代赋能高质量发展的精兵利器，推动廊坊驶入数字经济的“快车道”。

以高标准智算网络服务数字产业

润泽智算科技集团股份有限公司董事长　周超男

习近平总书记在党的二十大报告中指出："加快发展数字经济，促进数字经济和实体经济深度融合，打造具有国际竞争力的数字产业集群。"为我国高质量发展数字经济，把握新一轮科技革命和产业变革指明了方向。

"十四五"是我国新旧动能转换的关键时期，传统产业数智化迭代升级，是产业数字化的必然趋势。随着科技进步的快速发展，专业化程度越来越高，产业分工越来越精细，行业边界越来越模糊，企业之间深度融合，是数智化社会的自我完善和产业迭代升级的过程。我们从"传统互联网"到"移动互联网"正在快速走向"人工智能"时代。

中国的数据中心 80% 左右集中在京津冀、长三角、粤港澳大湾区、成渝、甘肃、内蒙古、贵州、宁夏等地，其中北京周边的数据中心约占此比例中的 30%。例如廊坊历经十几年发展，已具备良好的数据资源底座和综合服务能力，在线运行的数据中心约占京津冀区域的 35%，已成为京津冀数字经济的重要增长极。近两年，"双碳"目标和"东数西算"布局对数据中心产业发展提出更高要求，传统 IDC 向服务于人工智能的数据中心产业（AIDC）方向转型升级，是数据资源高质量发展的必由之路。

数字中国的强劲东风带动数字经济高速发展，带动数据中心产业持续稳定发展。2022 年，中国 IDC 市场规模接近 4000 亿元，同比增长 32% 左右，在下游应用需求带动下，传统 IDC 市场保持稳定增长的同时，智能算力需求将成为新的增长点。IDC 与智算深度融合，AIDC 市场规模将快速增长。预计到 2025 年，我国 AIDC 市场规模有望突破 1 万亿元。

“东数西算”和“八大算力枢纽节点”是国家实现“双碳”目标和数字产业在全国均衡发展的重要部署之一，“东数西算”通过建设高速数据传输网，解决近线和离线数据的存储和计算需求。与枢纽节点相辅相成的是在线数据的刚性需求，因为北、上、广、深等数字经济高速发展地区对网络延时有严苛要求。以中国联通（廊坊）基地为例：数据中心机柜上架率 90% 以上，是联通全国八大数据中心中最好的基地，凸显廊坊在线数据服务京津冀及全国的区位优势。

随着“东数西算”战略不断深入推进，东部地区超大规模的算力资源将有序向西转移，西部地区水、风、光等新能源和可再生资源，将源源不断支撑数字经济蓬勃发展。“东数西算”战略让我们清晰地看到“变电流为比特流”的过程，进而实现算力资源的优化配置，以及数据要素的跨区域流通与共享。

随着人工智能爆发式快速发展，数据中心重要性进一步提升，需要提供足够的算力资源来支持人工智能应用训练和推理，需具备快速的智能存储、高速的网络和安全的环境等多方面的支持，算力中心应运而生，数据中心正式迈入“高算力”时代。工信部发布的《新型数据中心发展三年行动计划（2021—2023 年）》明确了算力内涵，指出到 2023 年底，总算力规模将超过 200 EFLOPS，高性能算力占比将达到 10%，到 2025 年，总算力规模将超过 300 EFLOPS。

智能算力中心可全面支持高性能计算、云计算、大数据、人工智能和产业互联网的应用需求，赋能各行各业数实深度融合。例如：在航空航天方面，可支撑大飞机空气动力学设计仿真、卫星设计和飞行模拟仿真计算；在气象分析方面，可支撑陆表温度状态监测；在道路与人工智能交通监控方面，可支撑智能驾驶和车联网复杂运算；等等。

工信部等六部门联合发布的《工业能效提升行动计划》明确规定，到 2025 年，新建大型、超大型数据中心电能利用效率（PUE，数据中心总耗电量与信息设备耗电量的比值）优于 1.3，为数据中心能效提升绿色升级重点指明了方向。《工业能效提升行动计划》的印发，旨在进一步提高工业领域能源利用效率，推动优化能源资源配置，为实现工业领域“双碳”目标奠定坚实的能效基础。

润泽科技以数字基建助力产业数字化和数字产业化，不断夯实算力经济发展基石底座，助力数字经济高质量发展，认真贯彻落实国家发展战略，完成了京津冀、长三角、粤港澳大湾区、成渝地区双城经济圈、甘肃规模化数据中心的布局，打造了稳定、安全、可靠、绿色的数据中心与智能算力基础设施平台。

润泽科技以实际行动践行绿色发展理念，在绿色电力交易、绿色技术创新等方面持续发力，聚焦大数据中心与算力基础设施的技术创新与高效节能，努力持续打造绿色化、集约化、智能化、标准化的 AIDC 和智算网络，以切实可行的技术方案，推动行业向绿色低碳走深走实，加快构建数字经济、算力经济新发展格局，为数字中国、网络强国建设高质量发展，为数字世界、智算时代的“绿水青山”贡献润泽一份力量。

润泽科技充分利用自身资源优势、先进技术积累和成熟生态发展模式，与国家队一道全力推进全国一体化智算网络建设，加快推动数字经济和实体经济深度融合，以数字化、网络化、智能化助力中国式现代化，通过奏响算力经济的低碳旋“绿”，以科技之力促自然之能，为我国数字经济做强做优做大、经济社会高质量发展注入新动能，引领行业迈入绿色集约、互联互通的高质量发展阶段，构建可持续的智算未来。

推动传统产业实现数字化转型

陕西西凤酒厂集团有限公司党委书记、董事长　张　正

数字技术、数字经济是世界科技革命和产业变革的先机，是新一轮国际竞争重点领域。随着新一轮科技革命和产业变革的不断深入、数字产业化和产业数字化的加速演进，推动数字经济与实体经济深度融合，已经成为建设现代化经济体系、实现高质量发展的重要路径。

近年来，在大数据、物联网、人工智能、智能制造等前沿技术的推动下，各行各业纷纷开展数字化改革升级，在研发设计、生产制造、经营管理、市场服务等多个环节均取得了极为显著的发展成果，成为稳定经济增长的关键动力。

作为传统优势民族产业，中国白酒具有上千年的工艺传承和技术积淀，是中国传统文化和物质文化的结晶。中国白酒讲究传承，也离不开与时俱进。在坚守传统的基础上，不断用新的思维、途径和方法对工艺进行升级和改造，这是中国白酒从历史深处走来、持续焕发生命力的根本原因。

西凤酒是中国凤香型白酒的创立者和典型代表，拥有三千年无断代传承的古法技艺。“传承古法、守正创新”一直以来都是西凤酒践行的理念。近年来，我们主动推动数字化转型，不断创新品质表达。将传统工艺和工业互联网、人工智能等尖端技术相结合，在行业内率先启用智能收酒勾酒管网系统，规模化应用酿酒机器人、AGV

（自动导向）运输机器人等智能化设备，用标准化、智能化、精细化的管理和技术保质量、增效能；先后成立中国酿酒原料及品质安全研究院，设立陕西省博士后创新基地，与陕西科技大学、西北大学共建科研基地，以产学研一体化，实现“高新技术”与“传统酒业”的深度融合；把对品质的追求融入企业发展和管理的每个环节，构建绿色优质的酿酒原粮基地，推进全过程溯源体系建设，打造“7 大关卡、55 道防线”质量管控网络，以数字技术实现西凤酒从“田园到餐桌”的全过程监管，将白酒品控管理推上了新高度。

随着国家产业数字化发展不断提速，数字经济在三次产业中的渗透率不断提高，特别是电子商务、直播电商、即时零售等新业态的发展与壮大，打破了传统生产环节与消费环节的时空限制。我们一方面持续推进数字化平台建设，准确掌握市场发展趋势，精准洞察消费者需求，不断挖掘市场潜力，形成营销闭环；另一方面，充分利用数智技术，不断创新营销模式，打造酒业传播平台，搭建年轻消费者互动桥梁，用数字化语言不断讲好西凤酒品牌故事。

美好生活，美酒相伴。如今的西凤始终坚持以传统为本、以创新为要，乘着数字经济的东风，为“老酒”赋新能，用新技术开辟新市场，不但畅销全国，还远销世界 4 大洲 26 个国家和地区，入选“2023 外国人喜爱的中国品牌”。

潮平岸阔催人进，风正扬帆正当时。作为民族品牌，西凤酒将以此次数字经济论坛成功举办为契机，坚定“高端化全国化”战略不动摇，坚持科技创新战略，把握机遇、乘势而上，进一步做优品质、做强文化、擦亮品牌，以更加笃定、更加开放、更具活力的姿态，为推动数字经济高质量发展贡献西凤力量。

构建新一代信息技术发展格局

福建省福州市大数据发展管理委员会党组书记、主任　薛　博

福建是数字中国的孕育地，省会福州是习近平总书记当年提出数字福建的先行实践地。福州始终沿着习近平总书记指引的方向，一张蓝图绘到底，加快推进数字福州建设，成功举办六届数字中国建设峰会，2022 年数字经济规模超 6100 亿元，占 GDP 比重超 50%，建设信息基础设施和产业数字化等工作成效明显，连续两年受到国务院激励通报。我们立足已有基础，面向未来发展方向，创新提出构建新一代信息技术“543X”新赛道格局，即壮大软件等 5 大优势赛道、培育人工智能等 4 大新兴赛道、布局元宇宙等 3 个未来赛道、打造一批特色场景应用，使具有福州特色的数字产业化、产业数字化发展路径更加清晰。

一是做大做强 5 大优势赛道。我们厚植优势，锻造长板，紧抓产业基本盘。软件方面，做强福州软件园，出台全国首个鸿蒙产业扶持政策，软件产业年产值超 1200 亿元，获评“中国特色软件名城”。新一代通信技术方面，开通海峡两岸直通光缆和国家级互联网骨干直联点，打造两岸信息通信合作的桥头堡、全国互联网的核心节点。物联网方面，建成全国首个物联网开放实验室，获评全国第四个国家级物联网产业示范基地。新型显示方面，引进培育以冠捷、京东方、恒美等企业为代表的龙头企业，形成较为完备的产业链。光电信息方面，在光通信、激光、光学镜头等细分市场领域，涌现了高意、福晶、福

光等一批全国乃至全球领先的优秀企业。

二是持续发力 4 大新兴赛道。我们应变求变，开拓蓝海，构建活跃增长极。大数据方面，打造东南大数据产业园等一批特色鲜明的产业园区，落地健康医疗、航行保障、邮政快递等一批国家级大数据平台。产业互联网方面，落地中国联通（福建）工业互联网研究院，国家工业互联网标识解析二级节点（福州）累计注册企业达 710 家，标识注册达 1.3 亿条，两项指标均位居全国前列，打造纺织、钢铁、玻璃等多个领域的工业互联网应用实践成果。人工智能方面，规划建设总算力规模 400P 的人工智能计算中心，一期 105P 已投用，打造东南地区首个大规模人工智能算力集群，第六届数字峰会期间与百度签署战略协议共建智算中心，基于文心一言大模型全国首创开展应用示范项目试点。网络安全方面，以优异成绩入选 16 家部委联合发布的国家区块链创新应用综合性试点名单，结合试点工作，加快利用区块链技术赋能网络安全，推动福州网络安全产业园纳入国家网络安全人才与创新基地规划。

三是加速抢跑 3 个未来赛道。我们前瞻布局，抢抓风口，积聚发展新动能。元宇宙方面，第五届数字峰会期间，与同济大学院士团队合作，基于华为河图技术打造世界实现难度最大的“福元宇宙”跨江虚拟增强现实秀，设立元宇宙产业园区，落地华为河图福建联合创新中心，推进元宇宙核心技术在福州应用转化。空间信息方面，打造时空信息平台，完成对全市 1.16 万平方公里地理信息的数字化，初步实现数字孪生全域覆盖，同时，全市划分 2.9 万个网格，实现网格信息在孪生城市上的定位落图，促进社会治理从定性管理迈向数字化精准治理。未来网络方面，建成横向到边、纵向到底的城市级专网，持续提升 IPv6、web3.0 和窄带物联网等未来网络服务能力，通过专项债等方式适度超前部署新型基础设施建设，探索打造基于智慧灯杆的物联感知网络及交互体系。

四是全面拓展多个特色场景应用。我们坚持场景导向、普惠共享，建设数字应用第一城。第六届数字峰会期间，围绕数字中国“2522”整体框架推出80个数字应用体验场景，打造便民、惠企、善政的全覆盖式场景体系。民生服务方面，推出“e福州”城市服务模式，注册用户突破千万，服务超11亿次；推进数字人民币试点，交易额累计超1200亿元，落地全国首个数字人民币高速公路全场景应用。政务服务方面，应用信息技术提升政务服务工作，持续优化营商环境，比如，在线预审、在线办理事项提高到99%，即办件事项占比提升至62.54%。城市治理方面，建设“城市大脑”体系，建立智慧型的水系联排联调中心，对城区的上千个库、湖、池、河、闸、站，进行一体化在线监测、远程调控，排水防涝应急处置效率提升50%。

下一步，福州将继续坚持赛道化理念，持续放大数字峰会品牌效应，吸引更多标杆性示范性数字应用场景落地，努力以场景建设“小切口”驱动赛道发展“大步走”，推动数字经济能级提升，为加快数字中国建设、推进中国式现代化贡献福州力量。

拓展云网基础设施覆盖广度和深度

天翼云科技有限公司党委书记、董事长　胡志强

天翼云科技有限公司始终坚持以习近平新时代中国特色社会主义思想为指导，胸怀“国之大者”、立足“两个大局”，弘扬伟大建党精神、传承红色电信基因、厚植科技报国信念，通过攻克关键核心技术捍卫“两个确立”、增强“四个意识”、坚定“四个自信”、做到“两个维护”。十年磨一剑，天翼云的高质量发展，集中展现了新时代伟大变革的重大成就，已经成长为全球运营商云第一、中国政务云第一、专属云服务市场第一，是国内 TOP3 云服务商中的唯一央企，2022 年和 2023 年分别入选国务院国资委“科改示范企业”和“创建世界一流示范企业和专精特新示范企业”名单。

数字经济是以数据资源为关键要素，以云网基础设施为主要载体，以全要素数字化转型为重要推动力的新经济形态。为掌握数字时代发展主动权，天翼云主要围绕解决关键核心技术的“卡脖子”问题、算力高质量供给和普惠服务问题、以国云平台助力中国式现代化建设等方面进行了实践和探索。

一、攻克数字关键技术，推动数字经济可持续发展

在中国共产党建党 100 周年之际，我们完成公司分转子改革任务，公司正式更名为天翼云科技有限公司，同时将企业 LOGO 升级

为代表奋斗的“中国红”，与党的红色基因交相辉映，通过“红云党建”模式激发党员研发骨干先锋模范作用，不断取得数字关键技术新突破，筑牢数字经济可持续发展之基。

天翼云以云操作系统为核心，从底层基础软硬件技术，到上层高阶云能力，形成了“技术原创、自主可控、性能领先”的“云网边端数智安”全栈云技术体系。加快打造原创技术“策源地”，在 IaaS 技术领域，为摆脱对国外技术依赖，防范安全风险，突破开源技术局限，对基于国外开源软件研发的云平台进行替代性重构，推出完全自研的云操作系统，可提供超大规模、多 AZ 云资源管理调度能力，在智能计算调度算法、分布式存储引擎、大规模 SDN 控制器与云化网元等方面实现了 30 多项技术突破及自主可控。在云终端技术领域，全面掌握桌面传输协议、高性能接入网关、音视频解码算法、云端一体化等技术，推出云电脑、云手机等拳头产品。经过持续技术攻坚，天翼云实现了云计算领域关键核心技术自主可控，紧盯产业链上下游关键芯片、设备国产化进程，全面支持国产化主流芯片架构和国产操作系统，提供一云多态、一云多芯的自主可控云服务。近五年来，公司累计新申请国内发明专利 1300 余件、国际发明专利 100 余件，终端云关键技术研发与大规模应用获中国发明协会 2022 年度“发明创业奖创新奖”一等奖。

二、夯实国云算力之基，提供智能安全普惠云网服务

天翼云塑造了“心系客户、创新为魂、奋斗为本”红云文化价值观，打造了“云网融合、安全信创、绿色低碳、生态开放”的国家云平台，为数字中国建设提供高质量、普惠便捷的智能化综合性数字基础设施，让算力触手可及。

入选国资委 2022 年度央企十大超级工程的“息壤”算力调度平

台，将东部算力需求有序引导到绿能丰沛的西部，促进绿色协调发展。云骁平台实现通用算力、智能算力、超算力融合调度，契合了算力统一云化的趋势，实现高达 80% 以上超高线性加速比算效提升。天翼云持续拓展网络基础设施覆盖广度深度，推进算力基础设施优化布局，在国内构建了“2+4+31+X”的云网资源融合布局，云资源池覆盖超过 240 个地市，总体算力规模达 3.8EFLOPS。实施“天翼云出海”计划，在德国法兰克福、新加坡等 9 个国家和地区完成云资源池布局，为国家出海企业的数字主权保驾护航。建成了覆盖全球的云间超高速互联网络，是业内首家以多节点架构通过中央网信办云服务网络安全审查的云服务商，可信云认证项目数量、可信云五星资源池数量均居业内第一，持续打造安全可信的核心竞争力，为 300 万用户上云提供全方位的网信安全保障。

三、赋能千行百业转型，履行数字中国建设责任使命

天翼云始终坚持人民立场，以自主可控国云平台不断满足人民群众对美好数字生活的需要，以安全普惠云服务推进数字中国建设，为助推中国式现代化建设贡献数字生产力。

在数字经济方面，积极响应国务院国资委“1+N+M”的央企云总体规划格局，在能源化工、医疗、制造、金融等众多行业，与央企行业龙头强强联手打造了 24 朵“行业云”，整体推进产业链上下游企业数字化转型。

在数字政务方面，承载 20 余个省级政务云，300 余个地市级政务云，参与 1000 多个智慧城市项目建设，领跑中国政务公有云市场。天翼云作为“数字雄安”的基础设施底座，支持雄安政务云实现了 3 个“全国领先”：国内领先的“异构算力政务云”、国内领先的“分布

式政务云”、国内领先且软硬件系统 100% 国产化的“超大规模自主可控政务云”。

在数字文化方面，人民网与中国电信推出首个联合共建的国家级融媒云平台——“人民融媒云”，基于天翼云平台能力搭建媒体生态，提供一站式的智媒应用和服务，打造一朵自主可控、安全可信、赋能内容科技的央媒混合云。

在数字社会方面，赋能医疗行业数字化转型，服务多省医疗云平台、200 余个地市级医疗云平台。全面接应国家教育数字化战略，覆盖 2.9 万所学校。为西藏教育厅提供基于云网一体化服务，打造一朵“珠峰旗云”，辐射学前教育、小学教育等 7 个学段，让优质的教育资源通过云端共享，促进教育公平。

在数字生态文明方面，积极推动数字技术与生态文明深度融合。宁夏林草局基于天翼云研发的“宁夏智慧林草云平台”，统筹整合各类数据资源，实现一个平台、一张底图、一套数据、一个标准的林草云管理平台，管理管控更加精细精准。

国云筑基，智算引擎。天翼云坚决贯彻落实党的二十大精神，认真学习贯彻落实习近平总书记关于数字经济的相关指示精神，勇担建设网络强国、数字中国和维护国家网信安全使命任务，把握数字中国建设的时代机遇，以国家云平台为依托，携手打造先进的数字生产力，加快新型算力布局，服务数字中国建设，为赋能经济社会全面数字化转型，在中国式现代化的伟大实践中贡献更大的力量。

跑出元宇宙产业发展加速度

福建省厦门市工业和信息化局党组成员　王　夺

元宇宙是新一代信息通信技术的集成创新，是人工智能、区块链、云计算、5G 通信等众多先进技术聚合而成的新兴数字业态，与数字经济发展一脉相承。自元宇宙概念爆发以来，全球科技巨头纷纷布局，国内各地争先卡位。随着软硬件技术加速迭代，场景应用日趋成熟，元宇宙正逐步成为驱动数字技术创新和数字经济发展的新引擎。

发展元宇宙产业，厦门厚积薄发，具备得天独厚的条件和优势。作为习近平总书记“数字中国”战略思想的萌发地、孕育地和实践地，早在 20 世纪 80 年代，厦门便成立了由习近平同志领导的经济信息管理领导小组，由此开启了波澜壮阔的数字化发展新篇章。沿着习近平总书记擘画的蓝图，历任厦门市委、市政府一张蓝图绘到底，一任接着一任干。1998 年，厦门软件园拔地而起。历经二十余年建设运营，软件园一期、二期、三期开发面积拓展至 4.4 平方公里，仍在持续扩容增效，成千上万家软件企业在这里喷薄而出、集聚成势。2005 年，厦门在国内率先发力动漫产业。十余年悉心培育造就动漫游戏名城，一批“厦门出品”走出国门，走向世界。2008 年，首启厦门国际动漫节举办。作为国内唯一由信息产业部门主导的动漫业界活动，动漫节始终承载着推动信息产业发展使命，历经十五载打磨，是国内唯一被国际动画协会认可的示范活动，更促成了一批优秀企业和创作者在厦扎根。

长年的坚持不辍和辛苦耕耘结出累累硕果。厦门数字经济发展取得突破性进展，先后获评中国软件名城、国家数字服务出口基地、中国智能视听产业基地等多项荣誉。2022 年，全市数字经济规模占 GDP 比重达 61.5%，增速超过 GDP 增速 8 个百分点。数字产业集群蓬勃发展，软件信息、动漫游戏产业规模不断扩大，人工智能、大数据、区块链、AR/VR 等新技术、新业态加速落地，为抢抓元宇宙发展新机打下基础，埋下伏笔。

2022 年，元宇宙浪潮初启，厦门勇立潮头，抢先开局，系统谋划“新政策、新基建、新平台、新场景、新活动”，奋力起跑元宇宙未来赛道。

一是政策引导，引领发展新方向。在全国率先发布“元宇宙产业发展三年行动计划”，提出“元宇宙生态样板城市”建设目标，吹响元宇宙产业发展“冲锋号”。统筹优化政策措施，出台“加快软件和新兴数字产业发展 12 条”，对元宇宙企业扶持力度再加码。扩大厦门市技术创新基金规模至 300 亿元，并拓宽保障范围，对元宇宙企业提供免抵押、低息研发投入融资。设立总规模 10 亿元的元宇宙产业发展基金，专注“投新、投早、投小、投长”，孵化培育产业生力军。

二是基础先行，筑牢产业新底座。优化通信网络基础设施，成功创评国家“千兆城市”，每万人拥有 5G 基站数位居全省第一，网络通信质量全国领先。强化算力基础设施，鲲鹏超算中心持续扩容，算力达 5400 万亿次每秒；数字工业计算中心加快建设，进一步保障人工智能、虚拟仿真等元宇宙核心应用算力需求。超前部署新技术基础设施，建成工业互联网标识解析二级节点、星火链网超级节点，获批跨境金融区块链服务平台试点。持续提升融合基础设施，厦门城市信息模型（CIM）平台建成统一、开放的数字孪生城市底座，全方位支撑智慧城市各类应用拓展。

三是平台提升，集聚发展新动能。充分发挥厦门软件园国家级孵化器平台作用，增设 1 万平方米的元宇宙孵化器和 5000 平方米的加速器，配套租金优惠、创新券等各类政策支持，为元宇宙企业提供低成本、高质量公共服务，加速产业集聚。联合龙头企业、研究机构、行业组织共建元宇宙产业人才基地、实训基地，推动成立元宇宙产业联盟，为元宇宙企业搭建交流平台、创新平台和协作平台，完善协同共享产业生态。

四是场景驱动，打造应用新标杆。围绕会展、文旅、影视、体育、政务、工业等重点领域策划特色场景，加强供需对接，持续拓展元宇宙技术和产品应用，推动企业以厦门为试点加快示范推广，形成规模效应。元宇宙场景应用多点开花，“元宇宙 + 投洽会”“元宇宙 + 金鸡奖”“元宇宙 + 马拉松”“元宇宙 + 党建”“元宇宙 + 庭审”等一批典型场景相继“出圈”，鼓浪屿、城市规划馆等一批重大场景竞相开放。厦门正成为元宇宙标杆应用试验田，带动一批元宇宙企业茁壮成长。

五是活动升级，激发产业新活力。高标准、高水平策划节、展、会、赛活动，持续扩大“办好一个活动，带动一片产业，提升一座城市”效果。厦门国际动漫节焕发新颜，再添元宇宙新元素。中国人工智能大赛、动漫产业年会等品牌活动落地生根。2023 年全国首个元宇宙主题展览会、亚洲元宇宙产业大会在厦举办，进一步汇聚“产、学、研、投”多方资源，扩大厦门元宇宙品牌矩阵，推动元宇宙产业迸发新活力。

当今世界，新一代信息技术变革风起云涌，近期爆发的人工智能内容生成仍在续写元宇宙新篇章。厦门将深入学习贯彻党的二十大精神，按照党中央、国务院“不断做强做优做大我国数字经济”部署要求，大力实施“深学争优、敢为争先、实干争效”专项行动，虚心借鉴本次论坛兄弟城市的好经验、好做法，全力打造全国元宇宙先导区，跑出元宇宙发展“加速度”，持续深入推进数字经济高质量发展。

加强数据安全防护体系建设

奇安信科技集团股份有限公司副总裁　陈华平

发展数字经济就是建设数字中国。2023 年 5 月 23 日，国家网信办发布《数字中国发展报告（2022 年）》，报告显示，2022 年我国在数字基础设施规模、数据资源体系、数字经济、数字政务等 11 个方面取得显著成效。截至 2022 年底，我国开通 5G 基站 231.2 万个，移动物联网终端用户数达 18.45 亿户。报告显示，我国数字基础设施规模能级大幅提升。截至 2022 年底，累计建成开通 5G 基站 231.2 万个，5G 用户达 5.61 亿户，全球占比均超过 60%。全国 110 个城市达到千兆城市建设标准，千兆光网具备覆盖超过 5 亿户家庭能力。移动物联网终端用户数达 18.45 亿户，成为全球主要经济体中首个实现“物超人”的国家，表明我国在建设数字中国、发展数字经济方面成绩斐然。

2023 年 3 月《国务院关于提请审议国务院机构改革方案的议案》提出在保持数据安全、行业数据监管、信息化发展、数字政府建设等现行工作格局总体稳定前提下，把数据资源整合共享和开发利用方面的有关职责相对集中，组建国家数据局，由国家发展和改革委员会管理。国家数据局对地方数据管理机构的机构建设、职责划分和归口管理提供统一指导，做横向和纵向打通，从组织和制度自上而下推进数据的跨行业、跨部门互通共享和开放利用，国家数据局给出了我国数据安全体系的顶层设计，解决了之前九龙治水的管理混乱问题。

数字经济是通过数字技术（主要包括数据技术、网络技术、计算技术等）的支撑和赋能，进而更好地创造价值的活动。在数字技术的支撑和赋能下，通过实体经济活动的数字化转型，能够更好地使实体经济活动创造出更大的价值。人类社会已经完成从农耕社会向工业化社会的跨越，贸易放大是农耕社会向工业社会演进的典型特征，科技升级是工业社会向数字化社会演进的标志，背后都是为了服务经济发展。

在工业社会时代，信息化和数字化程度较低，信息和数字交换少，安全防护的暴露面少，只需要对关键系统、核心数据、主要网络做安全防护即可。数字化时代下信息和数字的交互是前提条件，安全问题尤为突出。滴滴赴美上市、三星核心技术遭 ChatGPT 泄露等一系列数据安全事件近期频发，造成业务中断、数据出事、合规踩线等严重后果。其根本原因是数据应用作为新技术新场景，影响政企单位的正常业务开展，数据安全防护在合规、标准、监管、产品和运营方面都属于新生事物，没有特别好的经验可以借鉴。数据安全问题已经日趋严重，亟待从政策、监管、建设和运营全链条解决。

首先，数字经济和数字技术是大国竞争的新战场，数字化涉及国家未来和发展的核心利益，存在国家力量支撑的组织进行渗透和破坏，安全攻防门槛和难度显著提升；其次，数字化提高了企业经营和发展的效率，政企核心能力数字化后，数据的货币属性被强化，黑产 / 灰产发展迅速；最后，AIGC 等新技术已厘清数据价值，数据要素作为第五大生产要素写入中央文件，数据作为数字化的核心引擎，重要但脆弱。总体来说，数字化程度越高，新技术应用越多，在多种、多维新技术 / 新场景下，传统安全防护手段效果不佳，我们认为安全防护需要向数字化和体系化演进。

因此，数字经济的安全防护需要采用数字化的安全体系来完成，简单而言就是数字化的安全管理体系、数字化的安全治理体系、数字化的安全产品体系和数字化的安全管控体系。数字化安全管理体系主要解决法律法规、标准发布、合规监管、安全管理组织架构、风险评估检测、运营 / 态势感知 / 应急响应平台等，重点是梳理顶层设计。数字化安全治理体系主要解决数据资产的管理问题，包括存量和增量的数据资产，并与数据安全治理结合，开展数据安全咨询、评估、规划、建设和运营，数据安全治理体系重点是厘清数据底座。在数字化安全管理和数字化安全治理体系建设的同时，还需要部署数字化安全产品，形成防护体系，涉及的相关能力包括安全产品，如加密、隐私计算、数据脱敏防泄漏等，工具的使用将极大提高安全防护的效率。数字化的安全产品需要具备集成和被集成的能力，通常是可被业务系统集成，或以接口的形式集成到安全管理平台、态势感知平台上，形成数字化的安全管理体系，避免安全数字化的孤岛出现，数字化产品体系重点是能力全面化、工具化。数字化的安全管控体系则需要紧贴业务，动态制定业务访问的身份信息、行为分析、业务权限，并与安全产品结合制定业务和数据的访问策略，数字化管控体系重点是业务梳理，通常由甲方运维人员和厂商配合协同完成。

奇安信根据多年在数据安全领域产品、场景、研发的持续积累和沉淀，针对数据安全防护难的问题发布奇安天盾数据安全保护系统，有效解决数据安全“难看清”“难管好”“难防住”等挑战。奇安天盾能够基于六全框架，即全链路监测、全穿透识别，全兵种协同、全闭环处置、全天候控制、全场景防护，解决各种主要的数据安全问题，做到“能看清、能管好、能防住”。

2022 年北京冬奥会，奇安信以零事故的出色成绩完成冬奥会的安全保障工作，并由此总结和提炼了大量数据安全防护的实战经验。2023 年，奇安信共参与和处置了全国范围内 1471 起网络安全应急响应事件，其中勒索事件416起，协助政企机构处理安全事故，确保了政企机构门户网站、数据库和重要业务系统的持续安全稳定运行。数字化安全防护是一项复杂的系统工程，需要同时具备多方面的能力，奇安信愿携手数字化产业的广大同人，分享数据安全的防护经验、能力，为共建数字中国、护航数字经济贡献力量。

数字化转型驱动特色产业集群快速升级

北京邮电大学大数据与商业模式研究中心主任　宁连举

《中华人民共和国国民经济和社会发展第十四个五年规划和 2035 年远景目标纲要》中明确指出，“以数字化转型整体驱动生产方式、生活方式和治理方式变革”。数字化转型已然成为引领经济新增长、构建“双循环”新发展格局的重要动力。党的二十大报告提出，“加快发展数字经济，促进数字经济和实体经济深度融合，打造具有国际竞争力的数字产业集群”。特色产业集群是我国区域经济发展的新引擎和创新驱动的新力量，肩负着传统产业集群走向数字化发展的重大使命。积极推动特色产业集群数字化转型是落实乡村振兴战略的全新动能，是实现中国式现代化的关键支撑，是实现经济高质量发展的必由之路，是塑造国家竞争新优势的战略选择。以数字化转型为手段驱动特色产业集群转型升级，实现区域经济高质量发展是加快产业提质增效，拓展新业态、新模式，强化区域竞争优势的重要途径。

特色产业集群是区域发展数字经济的龙头和引擎。特色产业集群指根植于一定区域范围内，具备区域品牌影响力、产业类别且彼此相互关联、地理上邻近的多个企业所构成的兼备产业共性与互补性的产业群体。特色产业集群与区域经济发展具有良性互动关系，即特色产业集群能够培育区域竞争新优势，而这种新优势又能反哺特色产业集群走向壮大。另外，要想实现区域经济高质量发展这一目标，必须重视特色产业集群数字化转型过程中生态体系建设，充分发挥政府在产业规划上的战略性引导作用，以产业数字化平台为核心推进产业数字生态建设，发挥产业数字化平台对传统特色产业的赋能效应，实现政、产、协、研、企的整体协同作用和布局，驱动特色产业突破单一结构限制，整合多元化创新要素，实现协同式创新发展。

特色产业集群的数字化转型为区域数字经济的协同发展提供了丰富的应用场景和产业基础。数字经济涵盖了数字产业化、产业数字化、数据价值化和治理数字化四个维度。其中，数字产业化是特色产业集群转型发展的硬实力，通过研发新数字技术并实现技术市场化应用以推动特色数字产业集群的形成和发展；产业数字化是特色产业集群转型升级的主依托，通过数据要素和数字技术的赋能效应实现提质增效以推动特色产业集群的业态扩张；数据价值化是特色产业集群转型升级的软实力，通过数据性质转换、数据价值实现和价值属性升级实现数据价值体系的构建与拓展；治理数字化是特色产业集群转型的主抓手，通过推进治理体系和治理能力现代化以实现特色产业集群治理高质量发展。

推动区域数字经济与实体经济深度融合、赋能特色产业高质量发展是一项复杂而又艰巨的系统工程。需秉持生态思维，以数字化转型为核心抓手，围绕数字经济四化体系，以赋能区域经济高质量发展为目标，重点要做好以下几个维度的布局：一是重视特色产业集群的技术研发与应用标准体系建设。建立全面明确的产业技术标准体系以实现技术产业化应用；构建开放共享的产业数据体系以实现要素互联互通；构建统一开放的产业平台生态标准体系以培育数字产业生态。二是重视特色产业集群的数字基础设施体系建设。探索数字基础设施的供给与需求协同模式；发挥数字基础设施对特色产业的赋能效应；构建数字基础设施建设与运营的多元化监管体系；营造并优化数字基础设施发展环境。三是重视特色产业集群的数据价值实现体系建设。组建多主体参与和市场化运营的组织机构保障数据要素的价值形成；有序推进市场化改革促成数据要素的价值开发；搭建数字平台和安全管控体系实现数据要素的价值流通；依托场景应用驱动数据要素的价值释放。四是重视特色产业集群的数字治理体系建设。强化宏观治理制度体系设计以实现政策法规精准供给；构建多主体协同共治以塑造产业治理能力；建立全方位多层次立体化数字治理风险管控体系以提升产业治理精确性。

特色产业集群数字化转型既是区域经济发展的产业根基，也是面向中国式现代化实现区域高质量发展的重要基石。

促进绿色金融高质量发展

兴业银行绿色金融部（战略客户部）总经理　胡　斌

2023 年是全面贯彻党的二十大精神的开局之年，也是推进落实党中央、国务院《数字中国建设整体布局规划》的关键之年，科技的进步与创新，在当前高质量发展中显得尤为重要。习近平总书记指出，当今世界正经历百年未有之大变局，科技创新是其中一个关键变量。作为一家全国性商业银行，我们充分认识到，我们要牢牢把握住以数字技术、数据要素等关键要素催化下涌现出的新思路、新方法、新路径。

在 2023 年 4 月召开的第六届数字中国建设峰会中，兴业银行集中展示了近年来在助力美好生活、服务实体经济、推动乡村振兴、夯实数字底座等方面的数字化发展成果。兴业银行党委书记、董事长吕家进更是明确表示:“未来，兴业银行将一如既往，以科技为第一生产力，以创新为第一驱动力，面向新时代、运用新科技、打造新金融，通过数字化的自我再进化，而迸发创新活力，在推进建设数字中国的进程中贡献金融力量。”

一、以绿色数字化为先导，服务经济社会低碳转型

兴业银行在绿色金融领域起步早、发展快、优势强，近十余年来不断创新推出“首单”“首笔”绿色金融产品，已形成领先行业“半

步”的综合化绿色金融服务体系。

现阶段，兴业银行基于《数字中国建设整体布局规划》所强调的“建设绿色智慧的数字生态文明”，除了巩固领先的市场地位外，还坚持以建设数字中国为指引，努力提升“数字＋绿色”的经营战略高度，以先行者的姿态开启数字化赋能，不断将“绿色银行”名片定位到更高的层次与目标上。

首先，我们瞄准了“智能化”的碳市场服务能力。当前国内碳市场发展壮大，碳交易所、绿色金融改革创新试验区、国家气候投融资试点城市、各类低碳示范园区，以及各地城市管理、能源结构、产业碳排放，乃至企业与个人碳账户，尚未形成相互间的生态合作与互联互通。

为了补齐各主体间存在的信息断流与合作断层，在服务全国上，兴业银行与“中碳登”（全国碳排放权注册登记系统）完成了资金清算结算系统的对接，上线了新版“银商通”系统，还与 9 个国家碳交易试点城市实现了数字化合作全覆盖，进一步夯实交易结算、资金监管、撮合交易等碳市场基础金融服务；在各地区布局上，兴业银行建设了“双碳管理平台”，成功搭建起一套碳账户基础设施与差异化系统服务，构建了企业与个人碳账户服务功能，当前已具备为客户提供数字化碳资产管理等服务的能力。

其次，我们强化了“全景化”的环保项目支持能力。在“十四五”规划提出生态环境领域科技创新后，将环保项目重视程度推上新的高度，各地区以数字化、绿色化协同转型的重大项目如雨后春笋般陆续立项并组织实施，仅福建省就有 100 余个国家级、省级重点项目。

为了推动全社会的生态环境智慧治理，支持与服务国家生态环境信息化体系，兴业银行联合国家部委、重点研究院及高校，研发了重大环保项目 RPA 机器人，通过大数据、云计算打破各地区项目数据的孤岛，构建以数字衍生为核心的智能营销体系，在实际业务中深度绑定环保企业与项目，具备与各地财政专项资金、专项债资金、区域发展基金等信息互通的功能，为优质项目建设提供了有力支持。

此外，我们夯实了“协同化”的内部管理服务功能。面对市场与客户需求的不断变化，为了更好、更快地开展绿色金融，提升数字经济和金融服务的绿色含量，兴业银行在原有的“绿色金融专属系统”下不断优化完善，在最近一次迭代中还上线了碳减排贷款管理等新模块。整体上，与内部各类业务系统实现穿透式管理，结合可视化技术，及时掌握业务情况，缩短内部审批与认定流程，从根本上改变业务经营逻辑。

二、以产业数字化为革新，支持实体经济融合发展

党的二十大明确指出“坚持把发展经济的着力点放在实体经济上”，银行发展与实体经济息息相关，当前建设数字中国的大潮中，以数字化赋能的金融服务，是实体经济输血、造血的最佳途径，更是金融机构的光荣使命。

近年来，兴业银行紧密围绕国家政策导向开展产业布局，积极部署并确定了“五大新赛道”的发展方向，以专业化服务结合数字化手段解决产业信息不对称的难题，将模式进行升级，打造全面融合服务。

智能化方面，提供一站式的数字化服务。结合当下金融科技对社会经济的价值体现，为在供应链、产业链中发挥数字化作用，推动实体经济迸发活力，兴业银行利用先进技术手段自主开发“行业融资整合平台”，与内部的“兴业管家”、网上银行、“兴业金服云”、账务处理系统、会计核算系统、商票系统等进行整合，与各合作方数据信息

进行协同与共享，为客户提供更高效的融资、结算、资金管理、理财、风险管理、信息服务等全面服务，更重要的是，还实现了与商流、物流、资金流、信息流等各类信息的共享。

专业化方面，从场景切入一体化解决方案。现阶段迅猛发展的新兴行业多以产业园区为载体，兴业银行在布局园区金融业务的过程中，积极围绕产业链构成，发挥数字化、专业化优势，探索在各类场景生态中“抓住一点”“拎起一链”“带动一面”，打造出不同于其他金融机构的专业化合作模式。

近期，兴业银行成功上线“园区生态服务平台”，本质上是面向园区运营企业、园区管委会、园区内企业等园区客户，围绕房源招商、租客服务、园区运营、金融服务等多个维度，研发建设的数字化服务平台。在成功为国内 30 余座园区提供系统支持的同时，也创新地内嵌了服务于园区各类主体（如运营方、管理方、注册企业、在职员工等）的金融服务功能 / 模块，旨在为园区客户提供“非金融 + 金融”全面数字化服务。

差异化方面，结合实际需求提供线上融资服务。在与客户践行“真诚服务、相伴成长”理念的过程中发现，企业客户的需求是多维度的，经营上可能缺订单、缺资金、缺产能，管理上也可能缺人才、缺技术，这就需要银行通过协调外部产业生态来解决实际痛点。对此，兴业银行不断将数据进行整合，在分布式光伏在线融资、汽车经销商在线审批等模型中，充分运用数据价值，挖掘经营、风险及舆情等信息，掌握生产交易全过程、洞察客户潜在需求，实现精准匹配、释放人力与加快时效，实现从经验依赖向数据驱动转变，从报表统计向数据赋能转变，最终实现对业务的反哺。

最后，在数字时代的洪流中，虽然过去做出了一些成绩，但在每天都能够感受到的数字化加速度下，我们也深刻认识到，未来商业银行将面临更多、更新的使命与责任，兴业银行也将坚持把数字化转型作为生死存亡之战，保持初学者的态度，保持开放拥抱的姿态，与各行各业并肩创新，与绿色数字化、产业绿色化同频共振，全力支持建设数字中国的伟大愿景！

第二部分

媒体观察

构建数据基础制度体系的有力举措

江小涓　白京羽

（2023 年 1 月 9 日《人民日报》第 9 版）

习近平总书记指出:“数据基础制度建设事关国家发展和安全大局，要维护国家数据安全，保护个人信息和商业秘密，促进数据高效流通使用、赋能实体经济，统筹推进数据产权、流通交易、收益分配、安全治理，加快构建数据基础制度体系。”近日印发的《中共中央 国务院关于构建数据基础制度 更好发挥数据要素作用的意见》（以下简称“数据二十条”），明确了数据要素市场制度建设的基本框架、前进方向和工作重点，对于构建数据基础制度、推进数据要素市场建设、更好发挥数据要素作用具有重要意义。

把数据作为继土地、劳动力、资本、技术之后新的重要生产要素，是数字经济发展的必然要求。首先，数据的爆炸式增长和大规模流通应用，推动大数据中心、移动基站等基础设施投资规模持续增长，激发电商、社交、娱乐等数字消费提质增效，促进产业互联网、智能产业等数字生产提速放量，加快数字贸易发展，为稳住宏观经济大盘、促进经济持续增长提供强劲动力。其次，数据要素的高效利用，能够汇聚海量信息并进行智能匹配，克服资源配置中的信息壁垒，形成供需互促、产销并进的良性互动，有利于用好国内国际两个市场、两种资源。再次，数据大规模流通应用，能够产生常规条件下难以获得的新信息、新能量，有利于促进颠覆性创新，催生出新技术新产品新业态新模式。最后，与传统生产要素不同，数据可以被多次复制共享，这决定了数据要素在市场化应用的同时也可以大量应用于公共服务的多个场景，提升公共服务的可及性、普惠性、均等化水平，促进经济发展成果普惠共享。

与传统生产要素相比，数据要素具有产权复杂性、交易多元化、技术依赖性强等特征。“数据二十条”既把握数据同其他生产要素的共性，又把握数据要素的特性，提出了有针对性的措施。

处理好数据产权和使用权的关系。数据参与生产、交换、消费、分配，所有权是绕不开的问题。这主要是因为数据尤其是有价值的大数据，其产生过程往往伴随着多个主体，导致确定数据产权的问题较为复杂。“数据二十条”并不回避数据要素的复杂产权问题，同时更强调使用权，提出“探索数据产权结构性分置制度”，要求“根据数据来源和数据生成特征，分别界定数据生产、流通、使用过程中各参与方享有的合法权利”，从而在总体框架上采用结构性分置，具体操作上采用分类分级确权授权使用，创造性提出建立数据资源持有权、数据加工使用权和数据产品经营权“三权”分置的数据产权制度框架，构建中国特色数据产权制度体系。这既符合社会认知基础、数据要素特点、事物发展规律，也为今后继续探索留下足够空间。

处理好场内交易和场外交易的关系。目前市场上的数据交易方式，既有数据交易所形式的场内交易，也有企业与企业之间直接发生数据交互的场外交易。场内交易一定程度上利于监管，但需付出额外成本；场外交易虽灵活多样，却易出现违规行为。对此，“数据二十条”提出“完善和规范数据流通规则，构建促进使用和流通、场内场外相结合的交易制度体系，规范引导场外交易，培育壮大场内交易”，并在完善数据全流程合规与监管规则体系、统筹构建规范高效的数据交易场所、培育数据要素流通和交易服务生态等方面提出指导意见，为探索建立合规高效、场内场外结合的数据要素流通和交易制度指明了前进方向，也有利于探索更优的数据交易方式。

处理好数据共享和数据安全的关系。公共数据体量巨大、价值含量高，无论是社会治理还是产业发展，都迫切需要使用公共数据。“数据二十条”对公共数据的开发利用作出规定，主基调是坚持开放共享，强调“推进实施公共数据确权授权机制”，鼓励公共数据在保护个人隐私和确保公共安全的前提下，按照“原始数据不出域、数据可用不可见”的要求，以模型、核验等产品和服务等形式向社会提供，对不承载个人信息和不影响公共安全的公共数据，推动按用途加大供给使用范围。也要看到，可以无条件开放的公共数据是有限的，大部分公共数据具有一定敏感性。在这方面，“数据二十条”要求“依法依规予以保密的公共数据不予开放，严格管控未依法依规公开的原始公共数据直接进入市场，保障公共数据供给使用的公共利益”。这些规定为在确保数据安全的前提下，最大限度促进公共数据的高效利用和要素价值释放提供了有力制度保障。

还要看到，数据的大规模流通应用对数据安全相关技术创新发展提出了更高要求。近年来，市场上已经出现了一些维护数据安全的技术，如隐私保护计算和区块链技术等，为解决数据安全与数据流通之间的矛盾提供了可能选项。“数据二十条”高度重视数据安全相关技术创新发展，鼓励探索数据流通安全保障技术、标准、方案；支持开展数据流通相关安全技术研发和服务，促进不同场景下数据要素安全可信流通；提出以“揭榜挂帅”方式支持有条件的部门、行业加快突破数据可信流通、安全治理等关键技术。这对于实现以数据安全技术保障数据合理使用、以数据使用促进数据安全技术持续发展具有重要推动作用。

数据交易如何更规范高效

林　琳

（2023 年 1 月 9 日《人民日报》第 10 版）

上海数据交易所日前正式运营，2022 年试运行期间，其交易额超过 1 亿元，2023 年有望突破 10 亿元。

2021 年以来，国家相关政策、法律法规等密集出台，各地积极探索，截至 2022 年 8 月，已有 40 多家数据交易场所成立。数据交易场所建设如火如荼，为解决交易过程中的效率、合规、安全、信任等问题提供了重要平台，但也面临数据产权不清、新技术支撑不充分、出现同质化竞争苗头等情况，对此还需各个击破。

确权是基础。从实践来看，公共数据和个人数据的权属问题相对清晰，企业数据方面则较为复杂。当前，一些数据交易场所已逐步形成数据登记等确权模式，迈开了破解“确权难”的第一步。从长远来看，根据数据来源和数据生成特征，国家层面的公共数据、企业数据、个人数据分类分级确权授权制度亟待建立，通过分别界定数据生产、流通、使用过程中各参与方享有的合法权利，为激活数据要素价值创造和价值实现提供基础性制度保障。

技术是支撑。数据需要流通才会产生价值，但由于数据具有可复制性等特点，在交易中容易发生所有权交接不清楚、隐私泄露等问题，反而阻碍了流通。破解两难，技术支撑必不可少。在清洗加工等环节，针对交易数据尤其是高敏感度和高价值数据，可通过隐私计算来进行分析、建模。在数据调用等环节，区块链技术有利于实现全链条监管，上海数据交易所已经采用联盟链将与交易有关的信息存储在区块链节点中，提高了交易的安全可信度。在对数据泄露的溯源和追责方面，数据水印技术可将标识信息隐藏在结构化数据中，为溯源取证提供了有力支持。下一步，还需加大这些技术的研发创新、标准完善和应用推广，为数据流通插上安全的翅膀。

布局需优化。目前，华东、华南、华中地区的数据交易场所占比达 70%，有的单一省份已设立了 5 家。为了避免区域分割和同质化竞争，主管部门需加强数据交易场所体系设计，统筹优化规划布局，引导多种类型的数据交易场所共同发展，构建多层次市场交易体系，推动区域性、行业性数据流通使用。数据交易场所自身也有必要找准优势，错位发展，提高数据要素供给数量和质量，延展出市场所需的数据产品和服务。

2022 年 12 月发布的《中共中央　国务院关于构建数据基础制度更好发挥数据要素作用的意见》提出，“统筹构建规范高效的数据交易场所”。随着参与交易的数据类别逐步扩大，数据交易产业链生态雏形初现，统筹构建规范高效的数据交易场所，将进一步促进数据合规高效流通使用，赋能实体经济，助力全体人民共享数字经济发展红利。

16 部门促进数据安全产业发展

预计到 2025 年产业规模超 1500 亿元

韩　鑫

（2023 年 1 月 16 日《人民日报》第 10 版）

工业和信息化部、国家网信办等 16 部门近日联合印发《关于促进数据安全产业发展的指导意见》（以下简称《意见》），提出到 2025 年，我国数据安全产业规模超过 1500 亿元，年复合增长率超过 30%，建成 5 个省部级及以上数据安全重点实验室，攻关一批数据安全重点技术和产品，数据安全产业基础能力和综合实力明显增强。

数据安全产业是为保障数据持续处于有效保护、合法利用、有序流动状态提供技术、产品和服务的新兴业态。推动数据安全产业高质量发展，有利于提高各行业各领域数据安全保障能力，加速数据要素市场培育和价值释放，夯实数字中国建设和数字经济发展基础。

按照《意见》，下一步将建设和认定一批省部级及以上数据安全重点实验室，开展技术攻关，推动成果转化。同时，发展面向重点行业领域特色需求的精细化、专业型数据安全产品，开发适合中小企业的解决方案和工具包，支持发展定制化、轻便化的个人数据安全防护产品。

产业数字化增加值规模超万亿元

上海持续筑牢数字底座

沈文敏

（2023 年 1 月 17 日《人民日报》第 10 版）

在上海洋山港智慧码头，依托北斗高精度定位技术，集卡编队可以实现自动驾驶。借助人工智能技术，即便在较为复杂的作业环境下，车辆也可在 15 秒内自动完成货物装卸，同时自主规划路线精准运输到指定地点。

洋山港智慧码头是上海应用 5G、大数据和人工智能等技术，推动实体经济高质量发展的缩影。当前，借助一系列新技术，城市如同有了触觉、嗅觉和听觉，趋势分析、辅助决策的准确性不断提升，城市生活和管理领域更多高效、人性化的应用不断出现。

随着互联网、大数据、人工智能和实体经济深度融合，产业数字化对数字经济增长的主引擎作用更加凸显。据统计，目前上海产业数字化增加值规模超过 1 万亿元，占全市生产总值比重超过 40%，已成为驱动上海数字经济发展的主引擎。未来 5 年，上海将推动城市数字化转型纵深推进，数字经济核心产业增加值占全市生产总值的比重将提高到 18%。

产业数字化快速发展，技术支撑必不可少，数字底座则是这些技术支撑的基础。

“如同高速公路是人流、物流的重要载体和连通渠道，算力网络

等新基建是数字经济的‘高速公路’。”上海新兴信息通信技术应用研究院院长任吉说，海量数据要素的处理需求，意味着如公共智能算力中心、陆海空天一体化网络体系、“云网边端”一体化大数据中心等数字底座基础设施，正迎来新的发展机遇。

近年来，上海市推出了促进绿色低碳产业发展、培育“元宇宙”新赛道、促进智能终端产业高质量发展等政策，这些新赛道、新动能，都需要数字底座的支撑。上海市经信委副主任汤文侃介绍，上海信息基础设施建设将主要从加快 5G 和千兆光网“双千兆”网络建设、加快推动 5G 规模化应用等方面协同推进。

2022 年，《上海打造未来产业创新高地发展壮大未来产业集群行动方案》发布，将面向数字化、智能化发展方向，以技术策源、广泛赋能为导向，推动智能计算、通用人工智能、扩展现实、量子科技、6G 等技术研发突破及产业化，为城市数字化转型提供更加智能、可靠、集成的技术底座；发挥在线新经济生态园、数字化转型示范区等载体功能，推动未来智能应用落地，赋能经济社会高质量发展。

抓住世界科技革命和产业变革机遇

加快发展数字经济

王永贵　史梦婷

（2023 年 1 月 19 日《人民日报》第 9 版）

党的二十大报告提出:“加快发展数字经济，促进数字经济和实体经济深度融合。”这是抓住世界科技革命和产业变革机遇、抢占未来发展制高点的客观要求和有力举措。数字经济通过新技术、新要素、新业态等有效促进实体经济增长，以制造业为核心的实体经济则为数字技术应用和数字产业发展创造巨大外部需求、提供重要产业基础，数字经济和实体经济深度融合，将释放巨大的生产力和经济增长空间。我们要深入贯彻落实党的二十大精神，加快发展数字经济，促进数字经济和实体经济深度融合，构筑国家竞争新优势。

发挥好创新主体的作用。企业是市场主体和经济社会发展的重要力量，企业创新已经成为我国科技创新事业的重要策源地。发挥好企业的创新主体作用，一方面，要引导企业利用数字技术对传统产业进行全方位、全链条改造，提高全要素生产率，发挥数字技术对经济发展的放大、叠加、倍增作用；另一方面，加快培育一批“专精特新”企业和制造业单项冠军企业，推动互联网、大数据、人工智能同各产业深度融合。高校和科研院所是实施创新驱动发展战略、建设创新型国家的重要力量。要持续推动产学研用深度融合，利用数字技术优化成果转化流程，为数字经济和实体经济深度融合

提供技术支持；完善数字化人才培育体系，将数字战略需求融入高校人才培养方案，补齐数字化人才短板，为加快发展数字经济提供人才支撑。

挖掘数据要素的潜在价值。数据要素具有非竞争性、非排他性、低成本复制和即时性等特征，是数字经济发展的基础性、战略性资源。挖掘数据要素潜在价值、发挥数据生产要素作用，要健全数据要素权益保护制度，逐步形成具有中国特色的数据产权制度体系，破解数据产权确立、保护和交易难题；切实打通数据链，在依法加强安全保障和隐私保护的前提下，促进数据要素自由流动，以数据要素流动带动经济循环畅通，更好服务构建新发展格局；充分利用人工智能、大数据和区块链等数字技术对数据信息进行高效处理和加工，提高数据的可用性和预测的精准性，充分释放数据要素潜力。

加快新型数字基础设施建设。持续推进新型数字基础设施建设，加快实体经济数字化、网络化、智能化升级，是加快发展数字经济、促进数字经济和实体经济深度融合的前提。要加快推进新型数字基础设施建设，包括5G网络、工业互联网、云计算平台、大数据中心以及基础软件等方面的建设，夯实数字经济和实体经济深度融合的基础。下大力气破解关键核心技术“卡脖子”问题，加快布局量子计算、量子通信、先进计算等前沿领域，充分发挥我国制造业规模大、门类齐、应用场景丰富的优势，加速传统企业数字化转型，推动制造业向价值链中高端攀升，助力制造业高质量发展。

营造良好数字生态。良好的数字生态有利于促进各类要素在生产、分配、流通、消费各环节有机衔接，产业链、供应链、价值链优化升级和融合融通，加快数字经济发展，加速数字经济和实体经济深度融合进程。要加强数字知识产权保护，优化创新数字产业监管模式，以公平的市场竞争秩序打造和优化数字生态系统；完善数字产业法律法规体系，落实数据安全法等相关法律法规，维护数字经济健康有序发展，持续营造良好的数字创新创业环境。

持续推进服务业扩大开放

欧阳洁

（2023 年 2 月 1 日《人民日报》第 19 版）

近日，国务院同意在沈阳市、南京市、杭州市等 6 个城市开展服务业扩大开放综合试点，并批复试点总体方案。这是自 2015 年北京率先实施试点以来，我国推进服务业扩大开放的又一项重要举措，自此，试点地区增加至 11 个。

服务业开放是实行高水平对外开放的重要组成部分。近年来，我国服务业加快发展，初步核算，2022 年服务业增加值占国内生产总值的比重为 52.8%，对经济增长的贡献率达到 41.8%。随着网络信息和数字技术的发展，全球服务业生产分工加速推进，催生了服务贸易蓬勃兴盛，也激发了跨境资本对服务业的青睐。我国积极融入了世界服务业开放合作的潮流中，服务贸易持续平稳增长，服务业成为吸引外资的重要领域。

我国服务业开放步履坚定而稳健。大胆实践、及时总结、持续完善，近年来，服务业扩大开放综合试点地区不断探索创新，形成的好做法好经验持续向全国复制推广。日前商务部再次推广一批示范实践案例，试点地区在知识产权服务、公共服务数字化、健康医疗产业链、融资租赁等方面创新，突破体制机制障碍，为相关行业的开放发展提供了系统性、综合性的解决方案。创新领域逐步拓宽，创新成果日益丰富，更多可推广可复制的经验在全国落地落实，引领服务业创新发展，充分释放现代服务业生产力。

我国服务业开放空间广阔而深远。党的二十大报告提出："构建优质高效的服务业新体系，推动现代服务业同先进制造业、现代农业深度融合。"服务业新体系不仅意味着新型服务业态的兴起，也包括新技术、新业态对其他产业进行改造。以高水平开放促进深层次改革，服务业开放能够引入更专业化、高端化、多样化的优质服务供给，激发国内市场主体的内生动力和创新活力，创新服务业态，也能带动知识技术、数字要素和资金跨境流动，促进国内产业深入参与全球价值链分工，实现产业结构优化升级。

开放创新成果更多更公平惠及各国人民。越来越多医疗健康服务、金融服务、养老服务进入中国市场，越来越多的"中国服务"走出国门，中国乐于与世界共享经济发展成果。以数字经济为例，当前，我国已经是全球第二大数字经济体，正在积极参与数字经济国际合作，与高标准国际数字规则兼容对接。数字经济的开放融合，既能提升我国数字产业水平，促进与实体经济的深度融合，也能开拓更广阔的产业合作发展空间，以中国新发展为世界提供新机遇。

扩大服务业开放，共创繁荣的美好未来。服务业领域开放力度将持续加大，稳步扩大规则、规制、管理、标准等制度型开放，营造更加开放、透明、包容的行业发展环境，服务业扩大开放将为百姓带来更加美好的生活，也会让各方共享中国开放机遇，为加快构建新发展格局、推动高质量发展作出贡献。

为数字经济发展提供制度保障

加快构建数据基础制度体系

李　涛

（2023 年 2 月 2 日《人民日报》第 9 版）

当今时代，数据作为新型生产要素，是数字化、网络化、智能化的基础，已快速融入生产、分配、流通、消费和社会服务管理等各个环节，深刻改变着生产方式、生活方式和社会治理方式。习近平总书记指出:“数据基础制度建设事关国家发展和安全大局。”党的十八大以来，在以习近平同志为核心的党中央坚强领导下，我国制定颁布了数据安全法、个人信息保护法等法律法规，出台了《促进大数据发展行动纲要》《“十四五”大数据产业发展规划》等政策文件，积极探索推进数据要素市场化的路径，加快发展以数据为关键要素的数字经济，取得了重要进展。同时要看到，充分发挥数据要素作用当前仍存在一些瓶颈制约。党的二十大报告提出“加快发展数字经济”。中共中央、国务院不久前印发《关于构建数据基础制度　更好发挥数据要素作用的意见》。我们要加快构建数据基础制度体系，以数据产权、流通交易、收益分配、安全治理为重点，促进数据高效流通使用、赋能实体经济，为加快发展数字经济提供制度保障。

建立保障权益、合规使用的数据产权制度。产权制度是社会主义市场经济的基石。清晰界定数据产权可以规范数据处理行为，明确数据处理所涉及的各方权利和义务，从而减少矛盾纠纷、平衡各方利益。

这就要求建立公共数据、企业数据、个人数据分类分级确权授权使用的制度，建立数据资源持有权、数据加工使用权、数据产品经营权等分置的产权运行机制，健全数据要素权益保护制度，为数据要素化、市场化提供重要的制度性基础条件。

建立合规高效、场内外结合的数据要素流通和交易制度。推动数据要素流通和交易，可以促进高价值数据的汇聚连接和开放共享，最大限度激活数据要素价值，对于培育数据要素市场、加快发展数字经济具有重要意义。要建立合规高效、场内外结合的数据要素流通和交易制度，完善数据全流程合规和监管规则体系，统筹构建规范高效的数据交易场所，激励更多主体开展数据流通和交易活动，扩大数据要素流通和交易规模，营造良好的数据建设、发展与创新环境，促进数据资源高效配置。

建立体现效率、促进公平的数据要素收益分配制度。保障市场主体按贡献获得合理收益，才能激发各类主体参与数据要素市场的积极性。进一步激发各类主体的积极性，要顺应数字产业化、产业数字化发展趋势，充分发挥市场在资源配置中的决定性作用，更好发挥政府作用。一方面，要健全数据要素由市场评价贡献、按贡献决定报酬机制；另一方面，要更好发挥政府在数据要素收益分配中的引导调节作用，建立体现效率、促进公平的数据要素收益分配制度。

建立安全可控、弹性包容的数据要素治理制度。数据安全事关国家安全。我国高度重视数据安全和个人信息保护，积极开展相关立法和标准制定，构筑起数字经济时代数据安全、个人信息权益保护的安全防护网。面向未来，要进一步维护国家数据安全、保护个人信息和商业秘密，把安全贯穿数据治理全过程，守住安全底线，明确监管红线，加强重点领域执法司法，把必须管住的坚决管到位。同时，构建政府、企业、社会多方协同的治理模式，强化分行业监管和跨行业协同监管，压实企业数据安全责任。

近5年，我国算力总规模年均增速超过25%——
智能算力，数字经济新引擎

谷业凯

（2023年2月6日《人民日报》第19版）

每秒百亿、千亿次的浮点运算能力，拍字节（PB）级的数据存储规模……许多人可能对这些指标没有太多概念，但如果说起春节档电影中的特效、渲染和人脸识别、智能客服、语音翻译等应用，大家应该不会感到陌生。

看得见的应用背后，是看不见的智能算力在支撑。基于最新人工智能理论、采用领先人工智能计算架构，提供算力服务、数据服务和算法服务的智能计算中心（以下简称“智算中心”），在推进人工智能和数字经济发展中发挥着重要作用。近日，由国家信息中心联合浪潮信息发布的《智能计算中心创新发展指南》（以下简称《指南》）显示，全国目前有超过30个城市正在建设或提出建设智算中心，整体布局以东部地区为主，并逐渐向中西部地区拓展。智算中心的创新发展，有望成为带动人工智能及相关产业快速发展的新引擎。

算力资源是数字经济发展的重要底座

前不久，位于浙江宁波高新区的人工智能超算中心（一期）项目正式上线运营，可提供100P（即PFLOPS，1PFLOPS=1千万亿次浮点运算/秒）的半精度人工智能算力；在天津，智能计算中心项目一期工程于 2022 年底完工，项目覆盖 850 余家企业及科研院所，达成意向合作算力空间 120P；2022 年 5 月正式上线的成都智算中心，近期集中签约多个项目，聚焦智慧医疗、智慧办公等应用场景……

算力资源是数字经济发展的重要底座。随着数字经济蓬勃发展，数字化新事物、新业态、新模式推动应用场景向多元化发展，算力规模不断扩大，算力需求持续攀升。工信部日前发布的数据显示，2022 年，全国在用数据中心机架总规模超过 650 万标准机架；近 5 年，算力总规模年均增速超过 25%。

当算力在千行百业落地应用时，不同精度的算力需要“适配”多样化的应用场景。特别是随着人工智能技术的高速发展，算力结构也随之演化，对智能算力的需求与日俱增。

“通用计算的概念区别于智能计算、超级计算等专用计算，是指原有 CPU 和 GPU 协同工作提供的通用型算力，其中 CPU 承担主计算工作，GPU 用于图像处理，适用范围更广。但在人工智能计算场景下，其计算效率较低，相同浮点运算次数下，需要消耗更多算力资源。”阿里云相关技术专家介绍，智能计算则是以异构计算资源为核心，通常面向人工智能训练和推理的需求，因其专用性，在面向人工智能场景时性能和能耗更优。

国际数据公司（IDC）等发布的数据显示，2022 年，我国智能算力规模达到 268 百亿亿次 / 秒（EFLOPS），超过通用算力规模；预计未来 5 年，我国智能算力规模的年复合增长率将达 52.3%。“智能算力规模持续快速增长，智算中心适应产业需求的变化，提供一种更好更新的计算力供给模式。未来，智算中心将成为智慧时代主要的计算力生产中心和供应中心。”国家信息中心信息化和产业发展部主任单志广认为。

智算中心发展呈现新趋势，为各类技术创新提供支撑

近年来，从国家到地方再到各类市场主体，都在大力推进算力资源布局建设，智算中心发展呈现算力的规模需求快速增加、围绕算法的服务模式持续完善、普适朴实普惠的服务生态逐步构建、绿色低碳的发展格局加速形成等新趋势。

单志广解释，智算中心能够提供大规模数据处理和高性能智能计算支撑，将经济、社会、产业中各种模型和经验“固化”下来，形成了新的生产力；大规模、大参数量预训练模型的出现，又使“预训练大模型 + 下游任务微调”的新范式，成为解决人工智能技术落地难问题的突破口；智算中心形成集算力、算法、数据、运营于一体的服务生态，加快了人工智能的普惠化；随着人工智能服务器功率密度的提升和应用场景的不断拓展，液冷等节能降耗新技术将得到进一步推广应用。

过去一年，人工智能应用向纵深发展：利用 AI 技术自动生成内容的生产方式（AIGC）打造的“数字人”效果媲美真人水平；人工智能预测蛋白质结构给基础研究带来全新的研究手段；人工智能驱动的聊天机器人能够学习和理解人类的语言并与人类进行对话；华为云开发的“盘古气象大模型”在预报台风轨迹和登陆时间方面大显身手……

人工智能是创新的加速器，智算中心则可以为各类技术创新提供支撑。一方面，智算中心可以为构建安全可信、可复用的技术研发环境提供算力设施支撑，为各领域科技研发提供智能计算服务，加速科技研发的进程；另一方面，智算中心是新一代信息技术的集成应用载体，智算中心的快速建设推广与规模化应用将推动通信服务网络、大数据、人工智能等技术的快速迭代，从而促进技术创新。

2022 年 8 月，阿里云推出全栈智能计算解决方案“飞天智算平台”，支撑建设两座超大规模智算中心。其中，张北智算中心算力建设规模为 12 百亿亿次 / 秒，乌兰察布智算中心建设规模为 3 百亿亿次 / 秒，为用户提供智能计算服务、支撑行业创新。北京大学化学与分子工程学院靶向药物研究就受益于此。研究团队通过应用智能计算解决方案，构建了“超大规模蛋白—配体复合物动力学”数据集，计算效率大为提升，为人工智能辅助的活性预测模型提供了数据基础。

智算中心还为新业态提供了土壤。比如，智能网联汽车行业就在智能算力的支撑下驶上“快车道”。2023 年 1 月，毫末智行科技有限公司建立每秒浮点运算达到 67 亿亿次的智算中心，有效降低了自动驾驶模型训练成本，大幅提升了计算效率，车端感知架构实现升级。根据《指南》的测算，“十四五”期间，在智算中心实现 80% 应用水平的情况下，城市对智算中心的投资，可带动人工智能核心产业增长约 2.9 至 3.4 倍；智算中心能够带动人工智能及相关产业倍速增长，成为经济增长的新动力。

以应用为导向，坚持开源开放、集约高效、绿色普惠原则建设智算中心

从政策层面看，我国高度重视人工智能产业发展，智能算力发展的基础逐渐夯实。

2017 年出台的《新一代人工智能发展规划》就提出“建立人工智能超级计算中心”；2020 年，国家发改委将“以数据中心、智能计算中心为代表的算力基础设施”纳入新型基础设施建设；2021 年 7 月印发的《新型数据中心发展三年行动计划（2021—2023 年）》提出“加快高性能、智能计算中心部署”；2022 年 1 月，国务院印发《“十四五”数字经济发展规划》提出“打造智能算力、通用算法和开

发平台一体化的新型智能基础设施”；随着“东数西算”工程全面实施，智算中心建设也进入了加快发展的新阶段。

单志广认为，智算中心在发展过程中也存在概念认知不清晰、建设标准不统一、应用场景不丰富、运营模式不成熟等问题。“比如，智能计算中心建设的架构体系、数据接口、信息安全、软硬件规范等方面仍缺少较为通用的标准体系，将带来属地化、碎片化风险，不利于跨区域协同创新和生态构建。”他举例说。

针对智算中心发展的新形势和挑战，单志广表示，智算中心应以应用为导向，坚持开源开放、集约高效、绿色普惠的建设原则。一方面，智算中心的建设要以开放硬件和开源软件为主，融合多元算力，实现算力的聚合、调度、释放，让智算中心“用起来、用得好”；另一方面，要朝着标准化、集约化、低门槛和绿色低碳方向发展，通过“算力＋算法”的一体化、基建化，发挥出智算中心普惠高效的赋能效果。“要让智能算力像水、电一样，成为城市的公共基础资源，为用户提供功能丰富、使用便捷的智能算力、算法服务和个性化开发服务，实现‘带着数据来、拿着成果走’。”单志广说。

浪潮信息高级副总裁刘军认为，智算中心的很多“技术组件”已经具备了一定的发展基础，关键是如何基于已有的技术基础进行相应集成与融合，面向人工智能应用提供算力、算法以及相应的服务。

算力就是生产力，智能算力就是创新力。单志广表示：“新基建要通过打通数据流、打通信息的‘大动脉’来支撑各类创新。智能计算将为经济增长提供数字转型、智能升级、融合创新的新动力。”

数字经济活力迸发

徐　翔　欧阳日辉

（2023 年 2 月 10 日《人民日报》第 9 版）

数字经济是全球经济未来发展方向，正在成为重组全球要素资源、重塑全球经济结构、改变全球竞争格局的关键力量。数字经济具有高创新性、强渗透性、广覆盖性，不仅是新的经济增长点，而且是改造提升传统产业的重要支点，可以延伸产业链条，畅通国内、国际经济循环。当前，我国数字经济活力迸发、快速发展，不断塑造发展新动能新优势，为构建新发展格局、建设现代化经济体系增添强劲动力。

党的十八大以来，以习近平同志为核心的党中央将发展数字经济上升为国家战略，推动互联网、大数据、云计算、人工智能、区块链等同实体经济深度融合，协同推进数字产业化和产业数字化。2012—2021 年，我国数字经济规模从 11 万亿元增长到 45.5 万亿元，多年稳居世界第二，数字经济占国内生产总值比重由 21.6% 提升至 39.8%。特别是 2020 年以来，数字经济在支持抗击疫情、恢复生产生活方面发挥了重要作用，为我国经济高质量发展注入了新动能。

数字基础设施实现跨越式发展，正在将我国工业体系完备的优势转化为海量数据优势和丰富应用场景。我国信息通信网络建设规模全球领先，信息通信服务能力大幅提升，算力基础设施达到世界领先水平，“十四五”时期还将加大以 5G、工业互联网、“东数西算”、卫星

互联网等为代表的新型基础设施投资力度，以低成本、优质服务支撑中小企业“上云上平台”用数据的需求。数字基础设施推动机器设备、生产线、工厂、供应商、产品、客户、消费者等从“万物互联”到智能互联，不但有利于打通消费领域与产业领域的数据、促进数据要素流通和数字技术应用，而且有利于催生新产业新业态新模式新场景，增强相关领域的关键技术创新能力。

数字经济和实体经济深度融合，有力推动经济发展质量变革、效率变革、动力变革。随着我国产业数字化发展不断提速，数字经济在三次产业中的渗透率不断提高，推动传统产业实现数字化转型。比如，电子商务、直播电商、即时零售等业态与生产融合发展，打破了传统生产环节与消费环节的时空限制，形成“线上下单预订—线下组织生产—物流运输派送”模式。截至2022年7月底，通过智能化改造，110家智能制造示范工厂的生产效率平均提高32%，资源综合利用率平均提高22%，产品研发周期平均缩短28%，运营成本平均下降19%，产品不良率平均下降24%。通过整合产业链价值链、推进区域经济一体化，数字经济提高了市场可达性，有效促进了一二三产业融合发展。

数字经济促进共享发展、协调发展，激发社会发展活力。数字经济蓬勃发展，在为经济增长提供新动力的同时，也进一步促进共享发展和协调发展。近年来，数字政府、数字惠民服务、数字乡村、数字医疗发展成效显著，推动公共服务更加普惠可及，让经济发展成果更多更公平惠及全体人民。数字经济发展带来创业型就业的新方向新场景，催生出一批灵活就业岗位和多种新就业形态，既为保障城乡劳动力就业创业开拓更大发展空间，也为欠发达地区提供新的发展机遇，有力促进区域协调发展。

数字经济提供多样化的产品和服务，提升人民群众的获得感幸福感。当前，人民美好生活需要日益广泛，多样化、个性化、多层次的消费需求不断增长。数字经济快速发展，一方面有效支撑消费结构优化升级，满足人民日益增长的物质生活需求。截至 2022 年 6 月，我国网络购物用户规模达 8.41 亿，占网民总数的 80%；农村网络零售额从 2015 年的 3530 亿元增至 2021 年的 2.05 万亿元。另一方面不断满足人民日益增长的文化生活需求。网络视听、网络文学、网络音乐、网络互动娱乐等不断发展，截至 2022 年 6 月，我国短视频用户规模达 9.62 亿，网络新闻用户规模达 7.88 亿，网络直播用户规模达 7.16 亿。数字经济在增进民生福祉、提高生活品质方面发挥着重要作用。

面向未来，坚持“两个毫不动摇”，打造市场化、法治化、国际化的一流营商环境，遵循数字经济发展规律，以数字技术与实体经济深度融合为主线，进一步推动数字经济高质量发展，必将促进新时代的中国更加充满生机活力。

河北积极发展数字经济
推动数字技术与实体经济深度融合

史自强

（2023 年 2 月 15 日《人民日报》第 10 版）

河北省政府办公厅日前印发《加快建设数字河北行动方案（2023—2027 年）》，提出将抢抓数字化变革新机遇，把数字河北建设作为推进高质量发展的基础性先导性工程，推动数字技术与实体经济深度融合，适度超前建设数字基础设施，做强做优做大数字经济。

根据方案，到 2027 年，河北省数字经济迈入全面扩展期，核心产业增加值达到 3300 亿元，数字经济占 GDP 比重达到 42% 以上，数字化变革成为推进高质量发展的强大引擎。为此，河北将实施数字基础设施建设行动，加快 5G 网络深度覆盖，还将开展智慧公路、智慧港口、智慧民航等新型基础设施建设试点等。

发挥我国的独特优势 大力发展数字经济

廖军华

（2023 年 2 月 22 日《人民日报》第 9 版）

近年来，数字经济正在成为重组全球要素资源、重塑全球经济结构、改变全球竞争格局的关键力量。习近平总书记在党的二十大报告中强调:“加快发展数字经济，促进数字经济和实体经济深度融合，打造具有国际竞争力的数字产业集群。”我们要深入贯彻党的二十大作出的战略部署，发挥我国数字经济发展的独特优势，全面促进数字技术和实体经济深度融合，大力发展数字经济，为构建新发展格局、推动高质量发展提供有力支撑。

发挥制度优势，形成发展数字经济强大合力。习近平总书记指出:“我国经济发展获得巨大成功的一个关键因素，就是我们既发挥了市场经济的长处，又发挥了社会主义制度的优越性。”数字经济发展具有硬件设施投入大、技术含量高、涉及范围广等特点，必须坚持党的全面领导，发挥集中力量办大事、办难事、办急事的制度优势，把政府、市场、社会等各方面力量汇聚起来，加快新型基础设施建设，加强关键软件、核心技术攻关，进一步释放数字经济发展的政策红利和制度红利，激活数字经济新产业、新业态、新场景的巨大潜力和活力。

发挥国内超大规模市场优势，拓展数字经济应用新场景。习近平总书记指出:“当今世界，最稀缺的资源是市场。市场资源是我国的巨

大优势，必须充分利用和发挥这个优势，不断巩固和增强这个优势，形成构建新发展格局的雄厚支撑。”数字经济具有显著的规模效应，市场规模越大、数字经济应用场景越丰富，就越能促进数字经济快速发展。要发挥国内超大规模市场优势，围绕产业数字化和数字产业化，深入推进数字经济和实体经济融合发展，在制造业、服务业和农业等领域实施数字化改造，积极拓展数字经济应用新场景，放大数字经济的倍增效应。

发挥人才优势，激发数字经济发展的创新动力。习近平总书记指出:“人才是第一资源。国家科技创新力的根本源泉在于人。”人才是数字经济发展的关键，直接影响数字经济发展速度与水平。当前，我国科技人才规模不断扩大，对全球数字经济人才的吸引力不断增强。发挥人才优势发展数字经济，需要加快形成结构多元、层次合理的人才队伍。进一步优化人才优惠政策，广泛吸纳国内外优秀人才；着力培育更多创新研发与高层次应用型专业人才、善于跨界整合的高端人才；加强职业教育，培养高素质技术技能人才；引导企业优化综合型数字化人才的开发投入机制和选拔培养体系。

发挥高水平开放优势，提升数字经济全球治理话语权。习近平总书记指出:“合力营造开放、包容、公平、公正、非歧视的数字经济发展环境，在数字产业化、产业数字化方面推进国际合作，释放数字经济推动全球增长的潜力。”开放共享是数字经济的重要特点。我们要发挥高水平开放优势，在积极参与国际合作中提升数字经济全球治理话语权。一方面，推动共建“一带一路”高质量发展。加快推动新型基础设施互联互通，积极融入数字经济关键技术研发国际合作，努力提升数字技术标准规范制定话语权。另一方面，利用好进博会、世界互联网大会等对话窗口，与世界各国在数字经济领域开展多层次务实合作，维护和完善多边数字经济治理机制。

数字化　法治化　多元化

提高数字经济治理现代化水平

刘　洋　杨　柳

（2023 年 2 月 27 日《人民日报》第 9 版）

随着数字技术的发展及其应用潜能的迸发，数字经济对经济社会发展的引领带动作用日益凸显，这对数字经济治理体系和治理能力提出了新要求。习近平总书记指出："要完善数字经济治理体系，健全法律法规和政策制度，完善体制机制，提高我国数字经济治理体系和治理能力现代化水平。"深入分析数字经济的特点和发展规律，适应数字经济发展趋势，完善数字经济治理体系，提高我国数字经济治理体系和治理能力现代化水平，是推动构建新发展格局、建设现代化经济体系、构筑国家竞争新优势的必然要求，是推进国家治理体系和治理能力现代化的题中应有之义。

数字经济具有数据体量庞大、创新创业活跃、线上线下融合、市场结构复杂等特点，传统经济治理方式越来越难以适应数字经济治理的现实需要。作为对传统经济治理的变革、升级与重构，数字经济治理运用互联网技术和信息化手段建立大数据动态分析系统，通过精准掌握数字经济发展成效与存在的问题、分析研判数字经济发展形势和趋势，在打造数字化政府的基础上系统提升数字经济治理效能；在重塑公共服务模式、更好发挥政府治理职能的基础上，推进欠发达地区信息基础设施建设，打破信息和数据壁垒，形成良好网络空间秩序。从这个意义上看，数字经济治理不仅能提升我国数字经济发展的整体质量，还能为推进网络强国和数字中国建设提供强大动力。当前，适应数字经济蓬勃发展的需要，提高数字经济治理现代化水平，需要着力推进以下三方面工作。

从技术层面不断推进数字经济治理体系的数字化建设。构建以监测预警体系、信息披露体系、大数据征集体系、社会评价体系和数据共享机制为主干的数字化联动监管系统，充分利用大数据平台，建立全方位、多层次、立体化监管体系，推动实现覆盖事前事中事后，贯穿全过程、全链条、全领域的监管和治理。与此同时，加快建设国家级统一信息服务数据库，以优化“数字经济治理模型”强化数字经济治理的靶向性和精确性。

从制度层面不断强化数字经济治理体系的法治化建设。在适时补充、动态调整的基础上，针对数据确权、数据定价、数据交易、数据安全等数字经济发展中出现的新情况、新问题，加快制定出台促进和规范数字经济发展的法律法规。同时，推动社会治理向网络空间延伸，通过净化网络空间内容、营造清朗网络空间环境，构建网络空间治理法治化新格局；通过明晰数字经济产权，依法保护数字经济活动中的知识产权和专利技术，为数字技术的创新、应用和推广提供法治保障。

推动形成各方共同参与、协同共治的多元化治理。在完善主管部门与监管机构职责、明确平台企业主体责任和义务的基础上，构建各种主体广泛参与的多元化治理体系。其中，政府部门要坚持发展和监管两手抓，制定更加灵活有效的政策措施，明确监管范围和统一规则；行业协会要通过制定标准，规范平台企业行为，提高企业自我约束、自我管理能力；社会和媒体等充分发挥舆论监督功能，以舆论监督提高企业失信和违法成本，促进其诚信经营、合法经营。

立足实际　培优环境

抓住先机发展数字经济

徐　建

（2023年3月10日《人民日报》第14版）

发展数字经济是把握新一轮科技革命和产业变革新机遇的战略选择。习近平总书记指出："当今时代，数字技术、数字经济是世界科技革命和产业变革的先机，是新一轮国际竞争重点领域，我们一定要抓住先机、抢占未来发展制高点。"党的十八大以来，习近平总书记高度重视发展数字经济，围绕发展数字经济作出一系列重要论述。在以习近平同志为核心的党中央坚强领导下，在习近平新时代中国特色社会主义思想科学指引下，我国数字经济规模连续多年位居世界第二，成为经济社会发展的主要引擎之一。上海市青浦区认真学习、贯彻落实习近平总书记关于发展数字经济的重要论述精神，以打造"长三角数字干线"为牵引，带动区域数字化转型和数字经济快速发展。

坚持从实际出发。习近平总书记指出："坚持一切从实际出发，是我们想问题、作决策、办事情的出发点和落脚点。"青浦区在战略区位、产业基础、功能载体等方面具有比较优势，但在基础设施和创新应用等方面存在短板和不足。在充分调查研究基础上，我们坚持创新为王、产业集聚、智慧赋能、跨域共享，围绕发挥区位优势制定"长三角数字干线"发展规划，与沿线城市共同构建数字经济发展带。同时，充分发挥自身优势，着力打造链接国内国际双循环的"最短链

路”，积极承接进博会这一对外开放平台的溢出效应，依托供应链服务帮助海外客商快速进入中国市场，推动展品变商品、参展商变投资商；启动联合国 / 国际组织可持续采购、信息分享和能力建设项目，一年多来帮助 279 家中小企业注册为联合国供应商，投标 128 次。

营造良好发展环境。习近平总书记指出:“要营造有利于创新创业创造的良好发展环境。”只有营造良好发展环境，才能做强做优做大数字经济，推进重点领域数字产业加快发展。青浦区推动有效市场和有为政府更好结合，着力营造有利于创新创业创造的环境和条件。一方面，加快推进政府数字化转型，打破部门壁垒、条块藩篱，形成顺畅的跨部门、跨层级、跨区域运行体系；打造“不带证示范区”，大力提升政府管理服务效能。另一方面，瞄准束缚创新的瓶颈问题，制定出台相关人才政策体系，建设长三角（青浦）数字人力资源产业园，促进优化长三角人才资源配置；加大创新资源和支持政策统筹力度，营造主动求新、敢于创新、善于创新、有效创新的环境；探索数字人民币创新应用场景，为数字经济发展注入新动力。同时，充分发挥企业主体作用，推动建设全球创新基地，在集成电路、软件和信息服务业、物联网、车联网等领域加强研发应用。

让数字经济发展成果造福人民。做强做优做大数字经济，是推动我国高质量发展的重要抓手，也为更好解决人民日益增长的美好生活需要和不平衡不充分的发展之间的矛盾提供了重要动力和支撑。青浦区贯彻落实以人民为中心的发展思想，积极推进互联网医院、未来学校、数字商圈、智慧物流、幸福社区建设，加快形成“跨界融合、无处不在、精准响应、优质普惠”的数字生活新图景，努力提供更为方便快捷的公共服务，不断提高人民群众的获得感、幸福感、安全感。比如，长三角（上海）智慧互联网医院在疫情防控中开设“我要配药”服务专区，在大上海保卫战中提供预约与咨询服务超 80 万人次，将 40 万单药品送达居民家中。

四川不断开辟新领域新赛道，

推进新型工业化，实施数字化转型——

数字赋能　加速发展

王明峰　邓剑洋

（2023 年 3 月 22 日《人民日报》第 7 版）

眼下的巴蜀大地，到处透着新意：成都天府国际生物城，各大项目建设紧锣密鼓；绵阳科技城，创新生态持续优化，新兴产业加快发展；乐山高新区，围绕新能源产业链，一个个创新产业集群正在集聚……

新旧动能加快转换，新兴产业不断壮大，巴蜀大地春潮涌动、活力迸发，高质量发展的蓝图正在绘就。

开辟新赛道
创新动能更加澎湃

四川天府新区兴隆湖东南角，一座蓝色立方体建筑格外亮眼，这是国家超级计算成都中心所在地。

走进成都超算中心机房，高大的主机柜并排放置，与传统机房不同，这里十分安静。在展示主机前，记者看见芯片被浸泡在一种不断“沸腾”的液体当中。

“这种液体是我国自主研发的新型材料，沸点较低，当芯片正常工作时，它就会从液态变成气态，从而把热量带走。”成都超算中心相关负责人告诉记者，超算中心采用浸没式相变液冷技术为超算核心设

备提供高效换热，同时最大限度地降低能耗，与传统风冷模式相比，可节能 50% 以上。

作为中国西部首个国家超算中心，成都超算中心最高运算速度可达 10 亿亿次 / 秒，强大的算力有效赋能创新产业发展。

“超算已成为我们探索和处理大规模数据的重要工具。”成都佩德生物医药有限公司董事长容明强说。2022 年 12 月以来，公司与成都超算中心开展密切合作，利用其强大的计算能力和并行处理能力，在生物资源分析平台、药物设计等方面取得诸多进展。

成都超算中心相关负责人表示，中心目前已和 900 多个用户建立合作，涵盖基础科学、人工智能、城市治理等 30 余个领域，累计完成了超 3500 万个作业数。

数字技术飞速发展，推动数字经济成为新增长点，四川正抢抓国家“东数西算”工程重大机遇，加快建设全国一体化算力网络成渝国家枢纽节点（四川），打造国家级天府数据中心集群，壮大数字经济核心产业。

不仅是数字经济，近年来，四川不断开辟发展新领域新赛道，发展新动能新优势不断增强。

绵阳高新区光电产业园内，埃克森新能源电池产业园项目现场，建设施工如火如荼。绵阳高新埃克森新能源科技有限公司绵阳基地负责人告诉记者，预计 2023 年 6 月底，项目就能实现一期量产线试生产，预计 2023 年将实现产值 10 亿元。

成都中心城区西南部，天府国际生物城拔地而起。成都天府国际生物城管委会相关负责人表示，生物城以高标准定位发展生物经济，目前已引进高能级产业项目逾 200 个，产业人才超过 1.1 万人，总投资超 1200 亿元，从靶点发现到中试生产，构建起覆盖全生命周期的科研功能平台 109 个。

记者从四川省科学技术厅了解到，2022年四川高新技术产业实现营业收入2.6万亿元、同比增长11.8%，规上科技信息服务业实现营业收入4645亿元、同比增长11.7%。

增强新优势
产业发展活力迸发

X射线检测、注液、正极焊接、清洗……在位于绵阳市的四川长虹杰创锂电科技有限公司，记者注意到，偌大的生产车间里，只有零星几人有条不紊地工作着。

“通过自动化、信息化升级，我们有效提高了制造效率和电芯成品率及一致性。比如，现在锂电池生产的原料装填工作，就全由机器人负责。”四川长虹杰创锂电科技有限公司副总经理杨春松介绍，在技术赋能下，公司的发展动力不断增强：单线全自动外观检测设备每日可自动检测识别25万只电芯，较传统人工全检减少用工80%；高速自动线配置有较完整的视觉检测系统，对产品的质量把控标准更加精准、严格。

“未来我们将提高‘供、产、存、销’等环节的数字化水平，实现端到端的数字化全连接，进一步提升运营效率。”杨春松说。

记者从四川省经济和信息化厅了解到，四川以数字技术赋能制造业，推动智能制造单元、智能产线、智能车间建设，提升生产效率、产品质量和安全水平。目前，四川制造业关键工序数控化率达54.6%，数字化研发设计工具普及率达80.9%。

在乐山市，走进四川永祥股份有限公司，一块显示着各种生产信息的大屏幕映入眼帘。

“这是我们搭建的工业互联网平台。通过系统，可以看见各个生产基地的实时画面，也能看见各种生产重要指标、作业信息等。”公司总经理李斌说，“针对任何工艺指标异常或偏离，系统会进行预警并提供风险分析，保证装置运行安全可靠。”

作为一家主要生产多晶硅的科技型企业，四川永祥股份有限公司在数字化建设方面成效显著。“近年来，我们完成了现代生产信息化管理系统（MES系统）、一键成本核算、质量追溯等40多个数字信息化项目建设。”李斌介绍，通过建设MES系统，生产过程信息化率达到100%，实现了生产流程在线化、可视化、一体化管控，提高了生产管理效率。

四川省经济和信息化厅数据显示，四川已打造省级重点工业互联网平台36个，覆盖企业超34万户。未来5年，四川将打造300个数字化转型示范项目，推动超1万家规模以上工业企业实施数字化转型。

四川省经济和信息化厅厅长翟刚表示，推动“四化同步”发展，要坚持把新型工业化作为主引擎，坚持工业兴省，大力实施制造强省战略。

推出新举措
创新生态不断优化

持续提升超算适配性、加快构建智算体系、为用户企业免费发放“算力券”……近日，成都出台围绕超算智算加快算力产业发展的政策措施，加快推进算力产业发展。

在这些措施中，“算力券”的推出颇具创新。

“‘算力券’是针对算力资源消费免费发放的权益凭证，是成都市以政府补贴方式帮助中小企业使用算力的创新举措，旨在提升城市算力规模效应，解决中小微企业资金实力不足、技术人才欠缺、算力匹配难应用少等痛点。”成都市经信局市新经济委党组副书记、成都市新经济委副主任周洪介绍。

发挥企业和企业家能动性，关键要营造好的政策和制度环境。

在绵阳，设立1亿元先进制造业发展专项资金，重点支持优质企业技术改造升级、提升创新能力；设立10亿元人才发展专项资金，2022年引进人才超2万名；常态化开展“面对面听取意见、实打实解决问题”活动，协调解决企业经营发展中的困难和问题。

在乐山，实施晶硅光伏产业技术攻关规划，推动设立晶硅光伏重大科技专项，加快科技成果转移转化；制定技术攻关类科技项目“揭榜挂帅”制管理暂行办法，不断激发创新活力；深入实施嘉州英才培育计划，落实“晶硅十条”人才专项行动，深化院地校企合作，搭建高技能高素质人才培育平台……

聚力“双碳”，构建新格局。四川厚植经济腹地优势，出台多项措施，推动高质量发展。

四川省发展和改革委员会党组成员、副主任杨昕介绍，日前四川印发《四川省碳达峰实施方案》，明确提出要牢牢把握将清洁能源优势转化为高质量发展优势的着力方向。

面向未来，四川突出创新驱动发展，加快成渝（兴隆湖）综合性科学中心、西部（成都）科学城、中国（绵阳）科技城建设，高标准打造重大科技基础设施集群；启动国家级先进制造业集群发展“三年行动计划”，提升生物医药、轨道交通装备、节能环保等国家级战略性新兴产业集群发展水平，加快建设首批23个省级集群。

加快传统制造业转型升级、发展战略性新兴产业、推进数字产业化和产业数字化……目标清晰明确，政策落地见效，标志性工程加快建设，四川创新发展的动能越发强劲。

做强做优做大数字经济

周人杰

（2023年3月27日《人民日报》第5版）

数字经济提质增效，科技创新引领发展。在安徽合肥，“中国声谷”靠中国科学技术大学吸引集聚起人工智能企业超千家，年产值超过1300亿元；在广东深圳，有电子公司探索推出将机器、工人、设备工程师高效连接的数字闭环处理链路，加装“数字引擎”从“选择题”变为了“必修课”。近年来，数字技术加速创新，日益融入我国经济社会发展各领域全过程，推动我国数字经济不断发展壮大。

不久前，中共中央、国务院印发了《数字中国建设整体布局规划》，要求推进数字技术与经济、政治、文化、社会、生态文明建设“五位一体”深度融合，全面赋能经济社会发展，做强做优做大数字经济。把握数字经济发展趋势和规律，推动我国数字经济健康发展，促进数字经济和实体经济深度融合，是加快数字中国建设的重要内容，将赋能传统产业转型升级，催生新业态新模式，为推动实现高质量发展提供重要支撑。

发展数字经济是把握新一轮科技革命和产业变革新机遇的战略选择。当下，数据要素与土地、劳动力、资本、技术并列为生产要素，新一代数字技术是创新最活跃、应用最广泛、带动力最强的科技领域，数字化转型成为全球经济发展的大趋势。在北京，长安链团队推出了全球支持量级最大的区块链开源存储引擎“泓”，高级别自动驾驶示范区3.0阶段启动建设；在上海，8个市级数字化转型示范区揭牌，25

个数字生活标杆场景建设提速，智慧城市数字底座进一步夯实；重庆截至2022年底，集聚规模以上数字经济核心产业企业1900家，数字经济核心产业增加值达2200亿元，“上云、用数、赋智”企业超过11.5万家……各地亮眼的“成绩单”，彰显了我国数字经济的强大韧性、强劲动能，以及市场大、基础强的独特优势。

数字经济不仅自身是新兴产业，而且还能够渗透到千行百业，赋能实体经济。把握数字化、网络化、智能化方向，推动制造业、服务业、农业等产业数字化，利用互联网新技术对传统产业进行全方位、全链条的改造，能够提高全要素生产率，发挥数字技术对经济发展的倍增作用。比如，利用工业互联网，能够实现设计协同化、供应敏捷化、制造柔性化、产品个性化；借助物联网打造的智慧农业平台，可以实时监控土壤水分、土壤温度、空气温度等信息，实现数字化精准种植。充分发挥海量数据和丰富应用场景优势，运用数字技术赋能工业、农业高质量发展，就能以数字化转型驱动实体经济的质量变革、效率变革、动力变革和生产方式变革。

“事必有法，然后可成。”数字经济事关国家发展大局，要做好我国数字经济发展顶层设计和体制机制建设，加强形势研判，抓住机遇，赢得主动。要支持数字企业发展壮大，健全大中小企业融通创新工作机制，发挥“绿灯”投资案例引导作用，推动平台企业规范健康发展。同时，还要加强关键核心技术攻关，牵住自主创新这个“牛鼻子”，尽快实现高水平自立自强，把发展数字经济自主权牢牢掌握在自己手中。

世上无难事，只要肯登攀。全面、辩证、长远看，系统、精准、务实干，我们完全有能力、有条件把握以数字技术为核心的新一轮科技革命和产业变革带来的历史性机遇，打造数字经济发展新引擎，以数字经济的蓬勃发展为加快数字中国建设添薪助力、为实现高质量发展积势蓄能。

推动数字经济高质量发展

范恒山

（2023 年 4 月 19 日《人民日报》第 9 版）

数字技术是数字时代驱动人类社会生产方式、生活方式和治理方式变革的关键力量。数字经济与实体经济深度融合，正在给人类生产生活带来一系列革命性变化和创造性成果。党的二十大报告对促进数字经济和实体经济深度融合作出重大部署，提出“加快发展数字经济，促进数字经济和实体经济深度融合，打造具有国际竞争力的数字产业集群”。2022 年底召开的中央经济工作会议强调：“要大力发展数字经济，提升常态化监管水平，支持平台企业在引领发展、创造就业、国际竞争中大显身手。”这为我们推动数字经济高质量发展、促进数字经济与实体经济深度融合指明了前进方向。

近年来，我国主动把握新一轮科技革命和产业变革机遇，大力实施创新驱动发展战略，以数字产业化和产业数字化为抓手，充分发挥海量数据、超大规模市场和丰富应用场景等优势，积极推动数字经济与实体经济深度融合，我国数字经济规模连续多年位居世界第二。与此同时，我国数字经济发展大而不强、快而不优问题仍然突出，促进数字经济和实体经济深度融合还存在不少梗阻，如关键领域技术创新能力不足、中小企业数字化转型门槛较高等。促进数字经济和实体经济深度融合，必须清晰梳理并着力打通这些梗阻，为打造具有国际竞争力的数字产业集群创造更加有利的环境和条件。

夯实数字经济发展基础。数字基础设施是数字经济发展的支撑。近些年我国数字基础设施建设实现了跨越式发展，但仍存在关键领域技术创新能力不足，核心元器件、操作系统等技术研发和工艺制造落后于国际先进水平等问题。这些问题不解决，我国产业链供应链发展就会受制于人，数字产业化和产业数字化基础就不牢固，数字经济大而不强、快而不优的局面也就难以根本扭转。必须加快实施创新驱动发展战略，充分发挥我国社会主义制度优势，健全新型举国体制，瞄准全球数字技术基础前沿领域和我国数字技术薄弱环节，集中力量推进关键核心技术攻关，牢牢掌握数字经济发展主动权。强化数字基础设施的统筹部署、协调布局、一体建设、融通运用和普惠共享，鼓励从地区、行业实际出发积极拓展应用场景。推进数据分类分级确权授权使用和市场化流通交易，健全数据要素权益保护制度，逐步形成具有中国特色的数据产权制度体系。

降低企业数字化转型门槛。近年来，我国大力实施企业“上云用数赋智”等行动，推动企业数字技术应用水平显著提升。但从结构上看，大型企业数字化转型意愿强且转型快、效果好，而中小企业则大都转型较慢。根本原因在于数字化转型的经济技术门槛较高，许多中小企业不愿转、不敢转、不会转。解决这些问题，必须着力降低中小企业数字化转型门槛和成本。可以通过在重点行业和区域建设一批具有国际先进水平的公共工业互联网平台和数字化转型促进中心，鼓励行业龙头企业开放数字化资源，为中小企业提供普惠性数字转型服务；加快实施中小企业数字化赋能专项行动，支持中小企业向全业务全流程数字化转型延伸拓展；继续大力推行普惠性“上云用数赋智”服务，推动中小企业上云、上平台，降低其数字化转型的技术、资金门槛。

提升数字治理水平。数字技术的快速创新和应用，推动新业态新模式竞相涌现，给经济社会发展带来一系列新变化新气象。同时，由于相关规则、制度、机制的健全和完善需要一个过程，数字技术的快速发展应用也给经济社会治理带来严峻挑战。对此，要善于总结、比对、提炼与分析，把成功和成熟的做法及时上升为制度和法规，不断提升数字经济监管的公正、开放、透明和法治化水平，激发经营主体创新活力和自律动力。充分发挥数字技术在优化经济社会治理中的优势和作用，不断提升治理的精准性、协调性、有效性。探索将公共数据服务纳入公共服务体系，构建统一的国家公共数据开放平台和开发利用端口，系统推进政务平台规范化、标准化、集约化建设。

提高全民数字素质。目前，我国互联网上网人数达 10.3 亿，但大部分人群都是较为浅层次地触及数字技术，缺乏运用数字技术的能力。要把提高全民数字素质作为数字经济发展和数字社会建设的重要内容，全面提升人民群众运用数字技术的本领。同时，坚持法规约束与教育引领相结合，不断提高公民网络文明素养，强化数字社会道德规范。

加快数字福建建设
全面赋能高质量发展

中共福建省委理论学习中心组

（2023 年 4 月 26 日《人民日报》第 9 版）

党的十八大以来，习近平总书记高度重视数字中国建设，作出一系列重要论述。在以习近平同志为核心的党中央坚强领导下，在习近平新时代中国特色社会主义思想科学指引下，数字中国建设取得历史性成就。数字中国建设峰会是推进数字中国建设的重要抓手，习近平总书记分别于 2018 年、2020 年给首届、第三届数字中国建设峰会发来贺信，充分体现了对新一轮科技革命的敏锐洞察，对信息化规律的深刻把握，对推动信息化更好造福社会、造福人民的殷切希望。我们要深入学习贯彻习近平总书记关于数字中国建设的重要论述和致两届数字中国建设峰会贺信精神，加快数字福建建设，全面赋能高质量发展，为谱写中国式现代化福建篇章注入强大动力。

深刻认识加快数字化发展的独特优势和重要使命

信息化是当今世界经济和社会发展的大趋势，是产业优化升级和实现现代化的关键环节。早在 2000 年，习近平同志就着眼于抢占信息化战略制高点，增创福建发展新优势，高瞻远瞩地作出建设数字福建的重要决策，开启福建大规模推进信息化建设的进程。习近平同志要求将工业化与信息化结合起来，以信息化带动工业化；强调要让“数字福建”贴近社会、贴近群众、贴近生活，为人民群众提供高水平、高质量的信息服务，让人民群众分享“数字福建”建设成果。习近平同志亲自担任数字福建建设领导小组组长，擘画数字福建建设的宏伟蓝图，指导编制《“十五”数字福建专项规划》，提出建设“数字化、网络化、可视化、智能化”数字福建的奋斗目标，组织开展数字福建关键技术攻关，为数字福建建设打下坚实基础。

党的十八大以来，习近平总书记始终关心关怀数字福建建设工作，作出一系列重要讲话和重要指示批示。2018 年 4 月，习近平总书记给首届数字中国建设峰会发来贺信，充分肯定福建在电子政务、数字经济、智慧社会等方面取得长足进展，要求我们适应我国发展新的历史方位，全面贯彻新发展理念，以信息化培育新动能，用新动能推动新发展，以新发展创造新辉煌。2020 年 10 月，习近平总书记给第三届数字中国建设峰会发来贺信，强调要立足推动高质量发展、形成新发展格局，更好发挥信息化在推动经济社会发展、推进国家治理体系和治理能力现代化、满足人民日益增长的美好生活需要等方面的重要作用。2021 年习近平总书记到福建考察，殷切希望福建加快推动数字产业化、产业数字化。

习近平同志在福建工作期间关于数字福建建设的重要理念和重大实践，是我们加快数字化发展的独特优势和宝贵财富。党的十八大以来习近平总书记作出的一系列重要论述，为我们加快数字化发展指明了前进方向、提供了根本遵循。加快数字福建建设，是牢记习近平总书记嘱托、贯彻落实党中央决策部署的重要举措，是顺应信息革命时代浪潮、不断塑造发展新动能新优势的重要引擎，是增进民生福祉、创造高品质生活的重要载体。我们要不断深化认识、系统整体把握，充分发挥福建特色优势，勇于肩负重要使命，有力有序扎实推进，积极抢占战略制高点，努力赢得发展主动权。

一张蓝图绘到底、一任接着一任干，数字福建建设取得丰硕成果

20 多年来，福建省各级各部门始终坚持习近平同志在福建工作期间开创的数字福建建设重要理念和重大实践，推动数字福建建设融入全省经济、政治、文化、社会、生态文明建设等各个方面。党的十八大以来，全省上下按照习近平总书记重要要求，把数字福建建设作为基础性先导性工程，充分发挥数字中国建设峰会等效应，推动福建数字化发展不断取得新进展新成效。

数字中国建设峰会成效显著。从 2018 年起，福建已经连续举办五届数字中国建设峰会。五年来，峰会发布了数十项信息化相关政策或解读报告，展示了数千项数字技术创新成果，累计促成 1976 个、投资额近 1.4 万亿元数字项目签约落地。目前，峰会已经成为我国信息化发展政策的发布平台、数字中国建设最新成果的展示平台、电子政务和数字经济理论经验和实践的交流平台、汇聚全球力量助推数字中国建设的合作平台。

数字经济发展持续加快。2022 年，福建数字经济增加值达 2.6 万亿元，占全省地区生产总值比重超 49%。一方面，数字产业化规模不断壮大。全省共有数字领域国家高新技术企业 5090 家，5 家企业入选 2022 年中国互联网综合实力百强企业，集成电路和光电产业、计算机和网络通信产业产值均超过 2000 亿元，大数据、物联网等产业进入全国第一梯队。另一方面，产业数字化转型步伐加快。“上云用数赋智”行动深入开展，数字化产品和服务在智能制造、智慧农业等领域推广应用，新一代信息技术与制造业加快融合发展。全省现有工业互联网领域 6 个国家级平台、27 个省级示范平台、2 家世界灯塔工厂，建设数字农业创新应用基地 50 个、农业物联网应用基地 700 个。

数字政务服务优化升级。深入推进“一网通办”，建成福建省政务服务一张网，推进“一件事”集成服务改革，实现“一号通认”“一码通行”，上线闽政通 App，覆盖 1300 余项民生服务，实现高频便民事项马上办、掌上办。深入推进“全程网办”，建设省、市两级公共数据汇聚共享平台，建设“一人一档、一企一档”的电子证照数据库，让数据“多跑路”、企业“少跑腿”。目前，福建省政务服务事项全程网办比例超 80%，“一趟不用跑”比例超 90%。深入推进“跨省通办”，建设异地通办审批系统，开通“异地代收代办”服务，有效解决群众异地办事“来回跑”“多地跑”问题。

数字社会建设蹄疾步稳。数字基础设施加快建设，累计建成 5G 基站 7.5 万个，实现所有乡镇全覆盖。推出经济社会监测和绩效管理系统、营商环境数字化监测系统、省疫情防控一体化服务平台等，建成省级教育、民政等公共服务平台，“三医一张网”等数字应用全省推广，远程医疗覆盖全省所有三级公立医院和超 90% 的基层医疗卫生机构。深化数字人民币、身份证电子证照等试点应用，全福游、智慧校园等应用加快推广。城市运行管理服务平台、城市信息模型平台和“城市大脑”建设稳步推进。高效推进环境智慧治理，在全国率先建成省级生态云平台。

奋力推动数字福建建设迈上更高水平

党的二十大吹响了强国建设、民族复兴的时代号角，对加快建设数字中国作出战略部署。近日，中共中央、国务院印发《数字中国建设整体布局规划》，提出新时代数字中国建设的整体战略，明确数字中国建设的指导思想、主要目标、重点任务和保障措施。我们要牢记习近平总书记殷殷嘱托，全面落实《数字中国建设整体布局规划》，在新时代新征程加快推进数字福建建设，更好推动福建高质量发展、创造高品质生活、实现高效能治理。

着力发展融合融通的数字经济。深入实施做大做强做优数字经济建设三年行动，加快推进数字产业化和产业数字化，不断提升全省数字经济规模能级，为产业发展插上“数字翅膀”。深入实施数字技术创新突破工程，高标准推进省集成电路创新实验室、光电信息创新实验室等建设，加快建设国家技术创新中心、产业创新中心，持续提升数字科技创新策源能力。深入推进电子信息制造业等基础数字产业价值链提升，加快发展 5G、大数据、卫星应用、物联网、集成电路等特色优势产业，积极培育人工智能、区块链、虚拟现实等未来产业，高水平打造数字经济产业集聚区，大力培育具有竞争力的数字产业集群。深入实施工业互联网创新发展工程、智能制造工程，加快建设福建省数字技术创新应用场景对接平台和数字化转型促进中心，引导各类企业上云、用数、赋智，持续拓展数字技术与制造业、服务业、农业融合的广度与深度。扎实办好数字中国建设峰会和中国（福州）国际数字产品博览会，努力打响品牌、扩大影响。

着力打造协同高效的数字政府。持续推进数字技术和政府履职全面深度融合，加快推动部门之间信息畅通和省市县乡之间信息贯通，实现跨层级、跨地域、跨部门、跨系统、跨业务的数据共享和业务协同。加快建设集约高效、安全可控、开放兼容的基础平台体系，持续优化政务服务“一网通办”、推进省域治理“一网统管”、提升政府运行“一网协同”。以数字技术促进党政机构职能转变、制度创新、流程优化，建立健全改革管理系统，推进政府组织数字化转型、业务标准化转型、履职模式智能化转型。优化提升数字政府公共服务，深入实施数字政务能力提升行动，加快建设掌上企业服务专区，为企业提供一体化、便利化服务，打造能办事、快办事、办成事的“便利福建”。

着力构建普惠便捷的数字社会。深入贯彻以人民为中心的发展思想，加快推进城市、乡村、文化、民生服务等领域数字化智能化，进一步丰富数字化生活场景和体验，打造智慧共享、和睦共治的新型数字生活。统筹推进智慧城市和数字乡村融合发展，加快智能设施和公共服务向乡村延伸覆盖。加快数字公共服务普惠化，持续提升智慧健康、智慧教育、智慧民政等服务水平，让各类群体共享公共服务资源，提升全民数字素养与技能，加快弥合区域、城乡、人群、行业之间的数字鸿沟，以数字化促进共同富裕。加快数字文旅建设，推进文旅大数据中心建设，促进文旅领域产品智能化升级和商业模式创新，推动旅游景区建设数字化体验产品。

着力建设集约智能的数字基础设施。部署实施新一轮数字基础设施建设三年行动，统筹推进网络基础设施、算力基础设施和应用基础设施等建设与应用，打通经济社会发展的信息"大动脉"。适度超前建设网络基础设施，聚焦5G、工业互联网、物联网、人工智能平台等重点领域，大力推进体系化建设、规模化部署、产业化应用，推进新一代基础设施向高速泛在、天地一体、云网融合、智能敏捷、绿色低碳、安全可控的方向发展。加快发展融合基础设施，持续推进市政、交通、教育、医疗等领域基础设施数字化智慧化改造，大力推进新型城市基础设施建设。

着力构建赋智赋能的数据体系。深入实施国家大数据战略，加快省一体化公共数据体系建设，全面提升数据资源规模和质量。健全数据管理体制机制，依法依规促进数据统筹管理、整合归集、共享利用，提升全省数据资源一体化统筹管理水平。推进公共数据汇聚利用，重点推进卫星应用、金融发展、生态建设、卫生健康、社会保障、交通运输等领域公共数据资源开发利用，打造一批创新应用示范场景。推进数据要素市场化配置改革，构建数据要素流通体系和生态联盟，培育壮大数据要素市场。

更好以数字技术赋能高质量发展

尹双红

（2023 年 4 月 30 日《人民日报》第 4 版）

站在 3D 云阵相机前，只用一秒就能生成真人数字图像；拿出手机扫一扫特定建筑，就可以进入元宇宙场景；看名画《辋川图》"动"起来，小舟荡开清波，依水而下……在第六届数字中国建设峰会上，一项项创新成果、一个个应用场景让人应接不暇，展现着数字技术的广阔前景。

数字技术、数字经济是世界科技革命和产业变革的先机，是新一轮国际竞争重点领域。习近平总书记强调："发展数字经济意义重大，是把握新一轮科技革命和产业变革新机遇的战略选择。"作为我国信息化政策发布平台、数字中国建设最新成果展示平台、数字领域理论实践交流平台、数字中国建设合作平台，数字中国建设峰会举办 5 年来，累计发布近百份国家级重大政策和重要报告，开展上百场对接洽谈活动，一大批数字新技术新产品从展馆走向生产生活。既见证了我国数字经济发展迈出的坚实步伐、取得的丰硕成果，也为数字中国建设汇聚了广泛的智慧和力量。

党的十八大以来，以习近平同志为核心的党中央高度重视发展数字经济，将其上升为国家战略。从实施网络强国战略和国家大数据战略，到出台《网络强国战略实施纲要》《数字经济发展战略纲要》，再到推进数字产业化和产业数字化，推动数字经济和实体经济深度融合，

顶层设计日趋完善，数字经济发展蹄疾步稳。与此同时，信息基础设施建设不断加快，累计建成 5G 基站超过 264 万个、具备千兆网络服务能力的端口数超过 1793 万个、IPv6“高速公路”全面建成、全国一体化大数据中心体系基本构建、“东数西算”工程全面启动……顺应数字化发展的大趋势，下好先手棋，数字中国建设的底座不断夯实。

当前，数字技术日益融入经济社会发展各领域，深刻改变着生产方式、生活方式和社会治理方式。放眼今天中国，网络购物、移动支付、云服务等新业态新模式竞相涌现，培育新的经济增长点；在工厂车间，人工智能高效协调任务、管控过程，大幅提高生产效率；走进茶园，数字化管理系统实时提示着茶园的光照度、风向、风速等信息，为管护工作提供信息支撑；借助政务服务平台，“数据跑路”代替了“群众跑腿”，市民足不出户就可以享受一系列便捷服务……数字经济大潮澎湃，数字赋能千行百业，为经济社会高质量发展注入强大动能。数据显示，2022 年我国数字经济规模达 50.2 万亿元，总量稳居世界第二，占 GDP 比重提升至 41.5%，数字经济成为稳增长促转型的重要引擎。

党的二十大明确提出加快建设网络强国、数字中国。《数字中国建设整体布局规划》明确“到 2025 年，基本形成横向打通、纵向贯通、协调有力的一体化推进格局，数字中国建设取得重要进展”“到 2035 年，数字化发展水平进入世界前列，数字中国建设取得重大成就”的发展目标。建设数字中国是数字时代推进中国式现代化的重要引擎，是构筑国家竞争新优势的有力支撑。新起点上，全面提升数字中国建设的整体性、系统性、协同性，夯实数字基础设施和数据资源体系“两大基础”，全面赋能经济社会发展，才能最大程度释放数字技术对经济发展的放大、叠加、倍增作用，以数字中国建设推动高质量发展取得突破。

有人将数据比作“信息时代的石油”。如今，我国数据产量和算力总规模都稳居世界第二。充分发挥我国海量数据和巨大市场应用规模优势，加快数字中国建设，推动各领域数字化优化升级，就一定能以信息化培育新动能，用新动能推动新发展，以新发展创造新辉煌。

撬动数字经济无限潜能

韩　鑫

（2023 年 5 月 25 日《人民日报》第 2 版）

行走浙江，数字经济无处不在：

它是手机一键下单就能坐等到家的生鲜外卖，也是新农人、商户们纷纷开启的直播电商；是借助数字孪生实现远程操控的智慧工厂，也是可实现精准饲喂、智能环控的未来农场；还是藏身“云”端的服务，联通“网”上的便捷，让生产生活展现崭新面貌，迸发全新活力。

数据显示，目前浙江省规上工业企业数字化改造覆盖率达 72.6%，数字农业农村发展水平达 68.3%，跨境电商综试区实现省域全覆盖，产业数字化指数、直播电商规模和县域数字农业发展水平位居全国第一，数字经济新动能正加速壮大。蓬勃发展的数字经济，成为浙江高质量发展的一张闪亮名片，有力拉动区域经济稳定增长，促进产业结构优化升级。

发展数字经济意义重大，是把握新一轮科技革命和产业变革新机遇的战略选择。面向未来，数字经济发展有着广阔空间、巨大前景。在完善数字基础设施、强化数字科创能力、推动数实深度融合等方面持续下功夫，更好发挥数字技术对经济发展的放大、叠加、倍增作用，更好抢占未来发展制高点，构筑竞争新优势。

有起步早、发力实的优势，有方向明、思路清的目标，抢抓机遇、赢得主动，浙江有条件也有能力，将数字经济做强做优做大，为走出全球数字发展道路提供浙江范例。

数字经济为高质量发展注入澎湃动力

“数字浙江”创新提质奋力向前

韩　鑫　窦瀚洋　窦　皓

（2023 年 5 月 25 日《人民日报》第 2 版）

两组数据，印证浙江数字经济发展实力和潜力——

2022 年，浙江省数字经济核心产业增加值达到 8977 亿元，比上年增长 6.3%，较“十三五”初期实现翻番，占 GDP 比重提升至 11.6%；产业数字化指数连续 3 年位居全国第一。

数字经济事关国家发展大局。浙江数字经济发展“领跑”，得益于前瞻视野、超前谋划。早在 2003 年，“数字浙江”便开始布局建设，并作为“八八战略”的重要内容部署推进。发令枪早早响起后，浙江在数字经济赛道上不断提速，在 2017 年部署实施数字经济“一号工程”的基础上，2022 年再推升级版，为数字经济发展加油续力。

“领跑”背后，更有一张蓝图绘到底的驰而不息。行走浙江，深切感受到，数字经济正加速拥抱千行百业，为经济社会高质量发展注入澎湃动力。

往“高”攀升，产业数字化不断推向深入。

浙江绍兴，一场数字化改造后，越新纺织印染生产车间焕然一新——设备之间信息互联、运行数据实时监控、染化料助剂自动输送，每个机台的运行状况可实时掌握……

“把生产挪到‘云’上，重塑了企业竞争力。”公司董事长濮坚锋算了笔账，数字化生产后，公司将减少约 10% 的能耗、15% 左右的人工，产品合格率也能进一步提升。“为抢占国际高端市场，公司累计投资 5 亿元更新升级原有厂区。”指着崭新的厂房，濮坚锋介绍，目前一期项目已正式投产，后续改建项目完成后，将具备年产值 10 亿元的产能。

以“产业大脑”打造“未来工厂”，让传统产业转化为先进制造。如今，在绍兴柯桥，这个印染产能占全国 40% 的产业基地，织造印染“产业大脑”已接入企业超 1800 家，基本覆盖全区印染企业，推动行业生产效率提升 8% 以上、能耗降低超 10%。

柯桥实践，刻录下浙江制造业向高端化、智能化、绿色化转型的坚定身影。“截至目前，浙江已建设细分行业‘产业大脑’96 个，累计建设未来工厂 52 家、智能工厂 601 家，将产业数字化不断推向深入。”浙江省经信厅副厅长叶健松说。

向“新”进军，数字产业化释放更多活力。

踏步、奔跑、后空翻……杭州高新区（滨江）“智慧 e 谷”展示区内，一台通体黝黑的智能机器狗灵活展示各种动作，工作人员介绍：“通过搭载智能伴随系统，人机交互更加融洽安心，新款产品上市广受青睐。”

数字企业聚木成林，数字产业活力迸发。漫步“智慧 e 谷”，数字产品应用场景丰富：兼顾性能和能效的硅立方液体相变冷却计算机，计算密度和节能水平全球领先；杭州市交通局指挥中心项目系统平台整合海量交通管理信息，每天可实时交换数据约 4 亿条……

瞄准“数字经济＋硬科技”融合发展方向，拥有数字安防、集成电路、智能计算等 6 个千亿级数字产业集群的浙江，正面向人工智能、区块链、元宇宙等新兴领域，前瞻性布局一批“新星”产业群，持续提升数字产业能级。

以“融”提效，数字技术深度融入千行百业。

春夏更替，正是樱桃成熟季。宁波余姚梁弄镇横坎头村，果农何达峰在 60 亩樱桃地里忙得脚不沾地。“靠着咱‘五彩梁弄’数字平台，线上一键下单，不愁销路。”何达峰告诉记者，2023 年产值预计在 150 万元左右，纯利润能有 20 多万元。

何达峰口中的数字平台，是 2021 年由梁弄镇和中国农业银行宁波分行共同打造的宁波市首个镇级数字乡村平台，集成了乡村治理、吃住行游等便民服务，一经推出便广受好评。上线两年来，已有 151 家商户入驻，全年交易流水累计达 2733.9 万元。

以“浙里办”数字化应用作为群众、企业办事总入口，实现“统一规范、一端集成、全省共享”；依托能源大数据中心，国网衢州供电公司接入物联网采集终端 1400 余个，实时归集工业企业全品种能源消耗数据……从农业到制造业，从政务管理到社会治理，数字技术全面融入各行各业，创造新业态新模式，持续助力高质量发展。

站在新的起点，浙江亮出数字经济发展新目标：2023 年，浙江省委提出“以更大力度实施数字经济创新提质‘一号发展工程’”，并提出到 2027 年，浙江数字经济增加值和核心产业增加值将分别突破 7 万亿元和 1.6 万亿元，实现“双倍增”。

大力推动产业能级、创新模式、数字赋能、数据价值、普惠共享实现新跃升，浙江正在努力打造数字经济高质量发展强省的新征程上奋力向前。

汇聚数字经济发展的澎湃动能

汪志球　黄　娴

（2023 年 5 月 29 日《人民日报》第 7 版）

5 月 28 日，为期 3 天的 2023 中国国际大数据产业博览会（以下简称“数博会”）落下帷幕。短短 3 天，国内外政府部门代表、企业负责人、专家学者围绕“数实相融　算启未来”的主题进行交流，吸引 18 万人次参会观展。

截至 28 日下午，本届数博会除开幕式、闭幕式外，共举办 220 余场活动；线上线下参展企业 353 家，其中线下参展企业 328 家；展出新产品、新技术、新方案 900 余项；发布国际国内领先科技成果 20 项；签约项目 71 个，投资金额 613 亿元。

从论坛设置到成果发布，本届数博会均聚焦国家数字经济发展战略，关注前沿热点科技，侧重创新成果转化，展示数字科技的新实践，为数字经济和实体经济深度融合提供新方案。

本届数博会是观察行业发展风向的重要窗口。当前，通用人工智能等领域涌现出一批颠覆性技术和产业，深刻改变着生产生活方式。科大讯飞股份有限公司董事长刘庆峰认为：“大数据要发挥更大的效果，人工智能将起到画龙点睛的作用。”

我国全面建设的“东数西算”工程也是与会嘉宾热议的焦点。“我对‘东数西算’工程有 3 个层面的理解，一是要加工，数据要汇聚；二是算力基础设施化；三是统筹建设数字与能源，尤其是绿电的统筹安排。”中国工程院院士孙凝晖说。围绕“东数西算”“数据流通”“人工智能大模型”“工业互联网”等前沿热点议题，本届数博会共举办 7 场高端对话、26 场专业论坛，521 名嘉宾发表了精彩演讲，参会嘉宾达 1.1 万余人。

本届数博会上，“方舆数字底座——数字经济基础设施及运营平台”正式向全国发布。华创云信数字技术股份有限公司副总裁彭凯介绍，“方舆数字底座”可以快速创建各类数字化交易市场，为政府、企业等搭建数字化社会治理应用工具。

本届数博会上，还有 20 项“领先科技成果奖”获奖成果以及 51 项“优秀科技成果”对外发布。据介绍，2023 年在面向全球征集领先科技成果的过程中，共有涵盖大数据、人工智能、区块链、云计算等领域的 357 项优秀成果参与申报，申报质量创历史新高。

中国互联网协会副理事长黄澄清表示，本届数博会为优秀科技成果提供了推介发布的舞台、应用合作的平台，将切实推动成果的转化与应用，助力大数据前沿技术与实体经济融合，赋能实体经济发展。

“抵达起飞点、下发任务、一键启动、无人机起飞、发回现场巡视画面……”在数博会专业展的东数西算馆，南方电网公司数字孪生电网展示区，无人机、直升机实物展示及现场模拟操作吸引了参展观众驻足观看。“利用最新技术，我们实现了多旋翼无人机远程操作一键起飞，快速高效。”展区现场工作人员代潇明介绍。

为提升展会国际化、专业化、市场化水平，本届数博会设置了国际综合馆、东数西算馆、数字产业馆、产业数字馆、创新场景馆、数字生活馆 6 个主题场馆，328 家国内外参展企业带来了新品发布、技术交流、成果展示、场景应用等各类活动，让本届数博会成为大数据技术创新展示的大舞台。

激发数字经济新动能

梁言品

（2023 年 6 月 2 日《人民日报》第 10 版）

超市搬到网上，线上下单，线下配送；商超导购变身“网络主播”，介绍产品，图文并茂；旅游出行，车票、住宿、餐饮等都能通过手机预订……近年来，数字技术应用使人们的日常生活更加便利。数字应用融入生活，不断拓宽数字经济蓝海。从舌尖到指尖、从田间到车间、从地面到“云端”，伴随数字生活、数字生产而壮大的数字经济，正在为发展赋能、为生活添彩，助力经济提质增效、高质量发展。

发展数字经济意义重大，是把握新一轮科技革命和产业变革新机遇的战略选择。这些年来，我国数字经济发展较快、成就显著。《数字中国发展报告（2022 年）》显示，2022 年我国数字经济规模达 50.2 万亿元，总量稳居世界第二，同比名义增长 10.3%，占国内生产总值比重提升至 41.5%。数字产业规模稳步增长，新业态新模式不断涌现，在一定程度上说明，数字经济成为稳增长促转型的重要引擎。

数字经济既是新兴产业，也渗透到千行百业。把握数字化、网络化、智能化方向，推动制造业、服务业、农业等产业数字化，是大势所趋。数据为证：2022 年全国工业企业关键工序数控化率、数字化研发设计工具普及率分别增长至 58.6% 和 77.0%；线上办公、互联网医疗用户规模分别增长 15.1%、21.7%；基于北斗系统的农机自动驾驶系统超过 10 万台（套），覆盖深耕、插秧、播种、收获、秸秆处理等环节。一个个数字表明，制造业数字化转型提档升级，服务业数字化转型深入推进，农业数字化加快向全产业链延伸。这也启示我们，推动数字经济和实体经济融合发展，必须利用互联网新技术对传统产业进行全方位、全链条的改造，提高全要素生产率，发挥数字技术对经济发展的放大、叠加、倍增作用。

数字经济关系国家发展大局。从实践看，我国具备发展数字经济的显著优势，包括庞大的市场规模、变革的消费趋势、多元的经营主体、完整的工业体系、后发的产业优势等方面。面向未来，不断做强做优做大我国数字经济，需要在关键核心技术攻关、新型基础设施建设、重点领域数字产业发展、参与数字经济国际合作等方面持续发力。只有切实结合我国发展需要和可能，不断增强发展数字经济本领，夯实数字经济发展社会基础，抓住机遇，赢得主动，才能推动数字经济更好服务和融入新发展格局，构筑起国家竞争新优势。

习近平总书记指出，“我们要乘势而上，加快数字经济、数字社会、数字政府建设，推动各领域数字化优化升级”。2023 年是全面贯彻党的二十大精神的开局之年，也是全面推进《数字中国建设整体布局规划》实施的起步之年。打通数字基础设施大动脉，畅通数据资源大循环，打造数字经济发展新引擎，必能为加快建设数字中国提供强大动能，为全面建设社会主义现代化国家提供有力支撑。

打造大数据产业集群，培育数据要素市场——

广东持续做强做优数字经济

陈伟光　刘泰山

（2023 年 6 月 13 日《人民日报》第 6 版）

随着大数据基础设施有序投入运营，广东省韶关市大步迈向“算力之城”。一年多来，国内通信运营、云计算、互联网、数据服务、人工智能等 20 余家行业企业陆续签约韶关，投资打造千亿级大数据产业集群，构建全国一体化算力网络粤港澳大湾区国家枢纽节点韶关数据中心。

近年来，广东聚焦关键核心领域技术创新，破解数字技术“卡脖子”难题。广东推动成立湾区半导体、广大融智、智能传感器等产业集团，设立总规模超千亿元的 6 只投资基金，支持广州、深圳、珠海等地发展集成电路产业集聚区。华为、腾讯、格力、大疆等企业的数字经济综合创新能力迅速提升。

广东瞄准数字产业化与产业数字化双向发力，促进数字经济与实体经济深度融合。全省扶持发展新一代电子信息产业、软件与信息技术服务业、人工智能和大数据产业等数字经济核心产业和新兴产业，协同推进产业、企业、园区等数字化、智能化、高端化转型。全省超 2.25 万家规上工业企业实现数字化转型、超 65 万家中小企业“上云上平台”。

为了支撑数字经济发展，广东不断夯实新型数字基础设施，重点发展集成电路、核心软件、基础电子元器件，高标准建设5G基站、千兆光纤网络、工业互联网、智算中心等基础设施，引导交通、生态环境、水利、邮政、应急等领域数字化改造。全省累计建成5G基站17.1万座，21个地市均建有数据中心。

2022年5月，全国一体化算力网络粤港澳大湾区国家枢纽节点韶关数据中心启动建设。韶关引入相关能源、制造、应用等项目，引进培育9个大数据团队，加快传统产业数智化转型。未来两年，韶关将建成拥有50万架标准机架、500万台服务器的超大型数据中心。

广东统筹整合大数据资源，服务社会生活领域，探索“互联网+政务服务”模式，全面建设“数字广东”。“粤省事”“粤政易”“粤商通”等智能网络平台先后上线，助推社会治理提质增效。目前，“粤省事”移动政务服务平台已有约两亿实名注册用户，1000多个办事项目实现“零跑腿”。

广东数字经济发展势头强劲，“增效、增值、增富”效能凸显。“数字资源用起来，数字赋能强起来，数字治理实起来，数字安全管起来。”广东省工业和信息化厅厅长涂高坤说，广东将继续释放政策叠加效应，强化资源保障，优化产业生态，培育数据要素市场，壮大数字经济优势，为实现高质量发展注入新动能。

释放数字经济促进就业的潜能

杨志明

（2023 年 6 月 16 日《人民日报》第 5 版）

不久前，人力资源和社会保障部启动 2023 年百日千万招聘专项行动，线上线下协同发力，多方主体参与联动，助力高校毕业生及各类劳动者求职就业。当前，数字经济与实体经济深度融合，不断催生新产业新业态新模式，进而衍生出大量新就业形态，成为创造就业的新增长点，为劳动力市场带来了新的发展空间。

数字技术是世界科技革命和产业变革的先导力量。当前，数字产业化和产业数字化相互促进，推动新业态“无中生有、层出不穷”和传统产业“有中出新、日新月异”交织演进，推动着劳动领域出现三大趋势变化。一是需求上由“数量型”向“技能型”快速转变，主要是向技能劳动转变，我国加快建设现代化产业体系，对高技能人才的需求将快速增加。二是供给上由无限供给向有限供给转变，“人口红利”向“人才红利”转变正在改变人力资源结构。三是劳动形态上，一大批新生代劳动者投身数据驱动、网络协同、平台支撑的现代服务新业态，数字技能劳动者数量快速增长。《中华人民共和国职业分类大典（2022 年版）》与 2015 版《大典》相比，净增 158 个新职业，并首次标注了 97 个数字职业，占职业总数的 6%。2019 年以来公布的新职业中，与数字化、智能化紧密关联的占到 60% 左右。数字经济打破了工作时间和空间的限制，增强了工作的灵活性、选择性和包容性，能够吸纳包括高校毕业生、农民工等重点群体就业，为稳就业提供了重要支撑。

充分释放数字经济创造就业岗位和促进充分就业的潜能，需要推动平台企业规范健康发展，鼓励头部平台企业探索创新。一方面，发挥企业开发和培育技术技能人才的主体作用，深度推进“产教融合”，鼓励企业、大学、科研机构深化创新合作，培养更多符合数字产业发展需求的数字化新型人才。另一方面，数字经济对中小企业的吸引力、聚合力越来越强，促进数字平台上的中小企业持续繁荣发展，就能不断创造新的就业岗位，同时数字平台还能实现人才供需的精准匹配。

充分释放数字经济创造就业岗位和促进充分就业的潜能，还需要提升广大劳动者的数字素养和数字技能。从劳动需求来看，随着数字经济不断发展，工业互联网、数字模拟、人工智能、物联网控制等领域的人才需求会越来越大，培养更多数字技能人才，才能满足企业用工需求。从劳动供给来看，需要弥合“数字鸿沟”，让普通劳动者掌握更多数字技能。比如，增强农民工的数字技能可以为其打开进入数字经济行业的通道，让他们既能适应现代化智能工厂的需要，也能投身到现代服务的新业态中。

就业是最基本的民生。新需求创造新职业、新供给创造新市场、新技能适应新发展，顺应数字化浪潮，继续推进数字经济和实体经济深度融合，发挥数字技术对经济发展的放大、叠加、倍增作用，不仅会为稳就业提供更多助力，还将为经济高质量发展注入新动力。

筑牢数字经济的通信“底座”

文水声

（2023 年 8 月 11 日《人民日报》第 5 版）

坐在家中戴上眼镜就能以 360 度全景视角沉浸式体验一场演唱会；“井上看清井下”，矿山数字化平台应用助力智能化采矿；联网路灯、芯片垃圾桶、人脸识别摄像头，万物互联让城市治理更智能……2023 年上海世界移动通信大会上，5G“黑科技”频频亮相。从赋能千行百业到走进千家万户，5G 这个新引擎正加速从“建得好”迈向“用得好”。

从 2019 年 6 月 5G 商用牌照正式发放至今，我国 5G 商用已经走过了 4 年。工业和信息化部数据显示，截至 2023 年 6 月底，我国累计建成开通 5G 基站 293.7 万个，占全球 60%；5G 网络覆盖所有地市级城区、县城城区；5G 应用已经融入 60 个国民经济大类，应用案例数累计超 5 万个。4 年来我国大力推进 5G 产业发展，建成全球规模最大的 5G 网络，网络覆盖能力持续提升，融合应用不断拓展，数字化发展支撑作用不断增强。

万物互联、数据互通，信息通信业是为数字经济发展提供支撑的基础设施，成为国民经济的战略性、基础性、先导性行业。无论是让全球最丰富的数据资源畅通循环，还是充分发挥丰富应用场景优势，数字产业化和产业数字化的双螺旋，离不开 5G 通信这个“底座”。我国在 5G 等新型基础设施建设上不断发力，为数字经济发展构建起良好生态系统，为新技术、新业态、新模式的涌现创造了丰厚土壤。从

“3G 突破”“4G 同步”到“5G 引领”，跨越式发展的背后，是强大的国家能力和制度优势，这将有助于我国占据新一轮科技革命和产业变革的先机。

5G 具有高速率、超大连接、超低时延三大特性，可以有效支撑人工智能、虚拟现实等技术的应用。数据传输容量和时延是很多技术应用落地的限制因素。比如远程操作精密手术，由于手术过程需要处理很多突发情况，就必须要求数据传输及时高效；再比如无人驾驶技术，需要传输海量数据，先进通信技术的支撑至关重要。如今，我国 5G 发展已正式进入产业升级、融合演进的“下半场”，将以强大的网络连接能力，推动大数据、云计算、人工智能等新一代数字技术向实体经济渗透，充分发挥数字技术对经济发展的放大、叠加、倍增作用。

抢占未来发展制高点，要时不我待，快人一步，将 5G 应用做深做广做精，催生更多业态创新成果。从 5G 覆盖来说，还需要继续夯实网络基础，加快推进 5G 网络和千兆光网建设部署，持续提升农村及边远地区 5G 网络覆盖水平，提供更好更优的电信普遍服务；从 5G 技术演进来说，还需要加快核心技术创新，加强 5G 增强技术研发，加快毫米波、轻量化模组、高精度定位等技术和产业发展，积极探索 6G 潜在关键技术，形成一批标志性成果；从赋能实体经济来说，还需要深化融合应用，加快打造“5G+ 工业互联网”发展升级版，深化在矿业、电力等重点领域的融合应用，探索在农业、文旅等潜力领域的创新应用，促进信息通信技术与实体经济融合。

有这样一组数据对比意味深长。截至 2022 年底，我国 5G 移动电话用户达 5.61 亿户，占移动电话用户的比例达到 33.3%，是全球平均水平的 2.75 倍，这意味着 5G 在全球的发展才刚刚开始，具有无限的想象空间。以 5G 发展撬动新型基础设施建设，促进数字经济与实体经济深度融合，定能为高质量发展注入澎湃新动能。

推动融合赋能　提升算力水平　打造产业集群

贵州加快建设数字经济发展创新区

汪志球　黄　娴　程　焕

（2023 年 8 月 13 日《人民日报》第 1 版）

戴上特制眼镜，穿梭于寨头巷尾，每到特定景点，眼前便呈现与实景完美融合的动画特效。“虚拟景象 + 实地场景”赋能，少数民族优秀传统文化迸发魅力，这是贵州黔东南苗族侗族自治州西江千户苗寨景区新推出的“智慧旅游”应用场景。

VR/AR 导览、云直播、AI 互动、景区智能管理，贵州发挥 5G 高网速、低延迟优势，开发出一系列文旅应用场景，数字经济助力文旅市场快速复苏。2023 年“五一”假期，贵州接待游客 3114.6 万人次、总收入 185.88 亿元。

2021 年 2 月，习近平总书记在贵州考察时指出，希望贵州“在实施数字经济战略上抢新机”。2022 年 1 月，《国务院关于支持贵州在新时代西部大开发上闯新路的意见》出台，赋予贵州“数字经济发展创新区”战略定位。牢记习近平总书记嘱托，贵州持续推动大数据与实体经济深度融合，加快建设数字经济发展创新区，以数字技术赋能高质量发展。

依托大数据先行优势，贵州深入实施“万企融合”行动，以数字化融合改造赋能企业转型升级。走进贵阳中安科技集团有限公司，厂区和生产线上有高清摄像头、工控机、传感器，机器和员工工作动态在屏幕上实时呈现。“通过生产经营数据云端一体化，系统实时自动汇总产销全流程数据，生产效率提高 50%，成本降低三成。”变化之大，让企业负责人王传福感触颇深。通过数字化赋能，公司从传统电缆生产企业转型为智慧工厂，2022 年完成工贸产值 28.6 亿元。

“产业数字化立足于各行各业需求，针对企业特点开展个性化服务。”贵州省大数据发展管理局党组书记胡建华介绍，截至目前，贵州实施数字化融合改造的企业超过 1 万家，累计带动 2.5 万家企业“上云用云”，大数据与实体经济深度融合指数达 44.5%，较 2017 年提高 10.7 个百分点。

抢占数字经济新赛道，贵州建强“东数西算”枢纽节点，建设面向全国的算力保障基地。气势恢宏的太空场景、酷炫逼真的机械元素……2023 年多部国产影片的特效渲染，出自贵州贵安新区超级计算中心。“2022 年，我们为超过 20 万用户提供了云渲染服务算力支撑，覆盖 50 多个国家和地区。”超算中心技术研发部部长彭本黔说。

2022 年，贵州成功跻身国家算力枢纽节点序列，贵阳市和贵安新区也入选国家数据中心集群，贵州成为集聚全球超大型数据中心最多的地区之一。目前贵州在建及投运的重点数据中心达 37 个，其中超大型数据中心 14 个，投资 10 亿元的全国一体化算力网络国家（贵州）主枢纽中心项目正加快建设。

着力培育核心竞争力，贵州打造大数据产业集群，构建数字经济生态圈。为建设贵州数字产业和人才集聚区、数字场景应用示范区，贵阳大数据科创城应运而生，一年多时间已吸引 488 家大数据企业落户。“看重这里的产业生态，许多产品不出园区就能找到应用场景。”西能电科建设有限公司负责人张奎说。入驻贵阳大数据科创城不到一年，公司主营业务从以通信技术服务为主转向开发大数据信息化产品、服务，正着手孵化一批创新项目。

眼下，贵州正在打造数据中心、智能终端、数据应用 3 个千亿元级主导产业集群，围绕人工智能、5G、物联网、云计算、信息安全、区块链六大领域深入实施“百企引领”行动，培育工业互联网、智慧文旅、数据交易等 12 个特色产业生态，以更大范围、更高水平推进大数据创新应用。

2022 年，贵州产业数字化规模占数字经济比重已超过 90%，软件和信息技术服务业收入同比增长 90.5%，数字经济增速连续 8 年位居全国前列。

全省数据中心已投运标准机柜59.6万架、服务器326万台，5G基站累计15.1万个——河北数字经济蓬勃发展

张腾扬

（2023年9月8日《人民日报》第15版）

走进位于河北廊坊的新奥动力科技（廊坊）有限公司自动化生产车间，巨大的机械手臂上下翻动。地上分布着一行行二维码，机器人沿着二维码精准运送生产物料，高度智能化的生产场景让人眼前一亮。

“以数据驱动整个生产流程，我们自主研发的微燃机自动化装配系统，已实现自动输送物料、关键步骤自动装配的功能。”该公司生产技术负责人郑国锋介绍，未来他们将深化数字化工厂建设，持续加强自动化装配系统攻关，努力打造国际一流的智能制造生产基地。

近年来，河北省委、省政府高度重视数字经济发展，大力实施数字产业化和产业数字化“双轮驱动”，引导促进数字经济和实体经济深度融合。

2023年前5个月，全省电子信息产业实现主营收入1010亿元，同比增长8%；实现利润44.5亿元，同比增长7%。截至7月底，全省5G基站累计15.1万个；E波段高容量微波通信试点落户雄安。

数字产业化水平稳步提高

2023 年 7 月，润泽（廊坊）国际信息港纯液冷绿色智算中心 A—11 项目陆续交付运营。A—11 智算中心项目整体采用“智能低碳全域制冷系统”技术，在实现服务器液冷散热的同时，通过末端小风墙短距离高温送风的方式，实现服务器全域制冷，最大限度实现 IT 设备的“全自然冷却”，大幅提高智算中心的整体节能效率。

近年来，河北以张家口、廊坊为主，着力打造大数据产业创新发展高地，培育龙头企业。

目前，全省已投运大型以上数据中心项目 57 个，已投运标准机柜 59.6 万架、服务器 326 万台。张北云计算基地、怀来数据中心基地被评为国家新型工业化产业示范基地。全省培育中国电子百强企业 3 家，主营收入超百亿企业 5 家；全省电子信息领域累计挂牌上市企业 66 家，电子信息领域国家新型工业化产业示范基地 6 家。

为助力项目建设，河北省建立投资亿元以上重点项目库，实施清单化管理，做好跟进服务。海康威视石家庄科技园、礼鼎半导体高端集成电路封装载板智能制造基地等 172 项投资亿元以上重点项目进展顺利。

随着河北“数据底座”越来越牢固，大数据产业链条不断丰富，产业集聚效应凸显。

在张家口，软通动力、竞业达、阿里巴巴、智云信息、汾渭数字等一批软件开发、外包和信息服务企业已先后运营，科技研发、产业培育的新环境正在加速构建。同时，依托大数据产业基础和环境，智慧互通、智云教育等大数据应用企业正在加速发展。

2023 年 1—7 月，全省软件和信息技术服务业主营业务收入 353.31 亿元，石家庄市、廊坊市软件和信息技术服务业收入超 250 亿元。

产业数字化转型提档加速

走进位于廊坊固安的申通快递华北转运中心，近百个进出港卸货口同时操作，DWS、自动摆轮、交叉带等多套业内领先的全链路数智化设备同步运转。一件快递被放到运输带上，随即被自动扫描、分拣，一直到装车，整个过程最快仅需 10 分钟。

近年来，国内物流行业聚焦服务、技术等多领域开展创新。申通快递通过探索数字化转型、智能化提升等方式助力高质量发展。

“我们进行了装备全面升级，大幅提升了快递分拣能力。如今每天可处理的快递量达 700 万单，处理效率实现了翻倍，服务范围扩大到 28 个省份和 65 个转运中心。”申通快递北方总部公共事务负责人田朋说。

河北不断推动企业数字化转型，完善工业互联网网络，健全工业互联网平台体系，强化工业互联网安全保障能力。

一方面，全省加快打造“1+21”工业互联网平台体系，建设河北省工业互联网公共服务平台，支持行业龙头企业搭建企业级工业互联网平台，培育一批行业级、区域级工业互联网平台。

目前，全省累计培育各级各类工业互联网平台 329 个。河北支持有条件的省内平台争创国家“双跨”工业互联网平台，雄安联通“格物 Unilink 工业互联网平台”、河钢数字“WeShyper 工业互联网平台”入选 2023 年国家“双跨”工业互联网平台名单。

另一方面，河北积极推动企业上云，即业务系统向云端迁移，提升企业生产和运营效率。

在张家口，天元特种玻璃引入智能制造技术，实现从原材料到产品销售全过程智能化、管理数字化。以秦淮数据、合盈数据为代表的数据中心，已为短视频 App、社交互动 App 提供运维服务。

目前，全省累计上云企业超过 8.5 万家，2023 年一季度，企业工业设备上云率 20.6%，关键工序数控化率 61.6%，两项数据均排名全国前列。

优化数字经济发展环境

雄安城市计算中心，被称作“城市大脑”。据雄安云网科技有限公司信息系统部负责人陈金窗介绍，数字技术让城市变得更聪明，但同时也产生了庞大的数据。“城市大脑”为这些数据提供了存储和计算的“场地”。

据了解，雄安城市计算中心构建了城市级边云超城市计算体系，将为整个数字孪生城市的大数据、区块链、物联网、AI、VR、AR 等提供网络、计算和存储服务，为打造“云上雄安”提供重要支撑，让数字经济发展环境越来越好。

近年来，河北省出台一揽子政策措施，不断优化数字经济发展环境。

《河北省数字经济促进条例》于 2022 年 7 月 1 日施行。河北省还出台《河北省数字经济发展规划（2020—2025 年）》《加快建设数字河北行动方案（2023—2027 年）》《关于支持数字经济加快发展的若干政策》《河北省 5G 应用“领航”行动计划（2022—2024 年）》《关于着力推进新型工业化和信息化融合的实施方案》《河北省“十万企业上云”行动计划（2022—2025）》等政策文件，不断优化政策环境。

河北省优化金融服务平台功能，注册企业达 56.5 万家，上架金融产品 688 款，累计对接融资需求 1250 亿元；奖励金融机构在科技金融、数字经济、制造业金融等重点金融服务领域进行产品创新项目 27 个，引导银行机构贷款 173.51 亿元、保险公司提供风险保障

735.29 亿元。

数字经济发展，离不开人才队伍不断壮大。河北省瞄准“高精尖缺”领域，实施省级创新人才推进计划、“百人计划”、“春晖人才”、“外专百人计划”等重大引智计划，建设院士工作站 48 个、院士合作重点单位 77 个、外国院士工作站 37 个。河北还在 28 个国家和地区建设境外引智工作站 77 个，累计引进海内外高层次人才 6.2 万余人次。

此外，河北筹备举办 2023 中国国际数字经济博览会，以“工业互联网赋能千行百业，数字经济引领高质量发展”为主题，坚持“会、展、赛、体验、发布、招商”六位一体，线上线下融合办会，为广大数字企业拓展发展机遇。

亚洲国家驻华使节走进浙江——

感受中国数字经济活力

张晓东　戴　辕

（2023 年 9 月 11 日《人民日报》第 3 版）

近日，应中国外交部邀请，来自泰国、东帝汶、尼泊尔、新加坡等 10 多个亚洲国家的驻华使节和外交官，赴浙江省参观访问，走进杭州、绍兴、湖州、嘉兴等地的数字经济企业，体验科技创新带来的美好生活，探访数字经济高质量发展的浙江实践。

素有“文物之邦、鱼米之乡”之称的绍兴，是此次驻华使节浙江之行的第一站。走进绍兴古城数字馆，首先映入眼帘的是一幅千年古城风情画卷。该馆利用数字孪生技术，构建了古城信息管理平台，为历史文化名城的保护与传承提供数字化新路径。经过全息扫描，生动呈现单体建筑、历史街区等的格局、风貌、形态与色彩。利用数字赋能、智慧监管，古城文物管理更加个性化。

“这是我第二次来到绍兴。2020 年 11 月，我参加了中国绍兴第三届国际友城大会，这座美丽的江南小城给我留下很深的印象。这次参观让我对这座千年古城又有了全新的认识。”东帝汶驻华大使桑托斯对记者说，绍兴古城数字馆利用先进科技保护历史与文化遗产，希望东帝汶也可以借鉴这样的技术。

数字经济是浙江发展的一张名片，是本次驻华使节和外交官们参访的重点内容。参观过程中，一系列高科技产品令使节们目不暇接：

可以检测身高、体重、心率等多项数据的智能深睡体验舱，能够自动检测产品外观缺陷的视觉质检机器人，最大起飞重量可达 30 公斤的纯电动无人机……尼泊尔驻华大使施雷斯塔告诉记者：“在科技创新的助力下，中国在数字产业发展、数字治理等方面取得重要成就，这必将给人们的生活带来巨大变化。”

驻华使节和外交官们还参观走访了浙江电商企业，与企业代表交流数字经济产业发展经验。泰国驻华大使阿塔育·习萨目说，中国电子商务快速发展，助推各国产品更便捷走向更广阔的国际市场，促进了国际贸易往来，也方便了民众生活。

在数字经济产业对接会上，驻华使节和外交官们与浙江省政府相关部门负责人以及近 50 家数字经济领域企业代表面对面交流，深入了解浙江优化营商环境、促进数字产业发展、进一步扩大开放的政策举措，探讨在数字经济发展方面的务实合作。科威特驻沪总领事米沙勒·沙马利表示，将同本国企业分享在对接会上获得的丰富信息，努力促进科中企业对接洽谈，为两国深化合作再添新动力。

“数字技术合作不仅促进经济发展，也能改善人民生活。希望大家携起手来，共同繁荣发展，共创美好未来。”施雷斯塔表示，期待与中方进一步加强交流，拓展合作领域，取得更多合作成果。

发展数字经济　促进全球增长

张朋辉　徐杭燕

（2023 年 10 月 19 日《人民日报》第 8 版）

2023 年 10 月 18 日，由国家发展改革委、国家数据局主办的第三届“一带一路”国际合作高峰论坛数字经济高级别论坛在北京举行。来自全球近 40 个国家的代表围绕全球数字经济发展机遇展开探讨，交流数字经济发展经验。与会嘉宾认为，“数字丝绸之路”建设为发展数字经济、加强数字治理、驱动全球经济增长等发挥了重要作用，正在成为新型全球化的数字桥梁。

中国国家网信办主任庄荣文在发言中表示，10 年来，中国与共建“一带一路”国家加强合作，携手擘画数字经济发展蓝图。当前，数字技术、数字经济已成为推动世界经济恢复增长的新动能。我们应当顺应时代发展潮流，凝聚各方智慧，推动精诚合作，以数字经济新发展重塑全球经济增长新引擎。

“中国是全球数字经济的引领者，提出建设‘数字丝绸之路’，积极参与共建国家的数字基础设施建设，分享数字经济发展经验和红利，有助于弥合数字鸿沟，推动共建国家尤其是发展中国家的创新与可持续发展。”科摩罗数字经济部部长卡马里迪尼·索伊表示，科摩罗是非盟轮值主席国，将积极推动非中深化数字经济领域合作。

近年来，“数字丝绸之路”建设亮点纷呈。从推动区域性数字政策协调，携手打造开放、公平、公正、非歧视的数字发展环境，到积极推进数字基础设施互联互通，加快建设数字交通走廊；从建设空间信息走廊，到提出《全球人工智能治理倡议》……“一带一路”合作伙伴积极在数字经济等新兴领域开展国际合作，推动形成区域协同创新格局。

“丝路电商”国际合作是落实共建“一带一路”倡议的一项重要举措，成为拓展经贸合作新渠道。截至2023年9月底，中国已与五大洲30个国家建立双边电子商务合作机制，在中国—中东欧国家、中国—中亚机制等框架下建立了电子商务多边合作机制。未来，中方将创建“丝路电商”合作先行区，扩大数字产品等市场准入，深化数字经济领域改革，举办“全球数字贸易博览会”，以积极务实举措构建数字合作新格局。

论坛上，中国等10余个国家共同发布《“一带一路”数字经济国际合作北京倡议》，提出进一步深化数字经济国际合作的20项共识。论坛上还发布了《航运贸易数字化与“一带一路”合作创新白皮书》，邀请共建国家一起建设可信互联的航运贸易数字基础设施，打造高水平国际公共服务平台。

中外企业和组织签署了12项合作协议。沙特阿拉伯塞拉体育公司战略采购总监哈米德·阿达姆说：“沙特企业积极参与‘数字丝绸之路’建设，重视与中企开展合作，希望通过引入领先的数字技术，提升效率、改善服务，增加自身价值。”

国家数据局局长刘烈宏在总结讲话中表示，本次论坛是一个分享数字经济发展经验、拓展务实合作的平台。下一步，中方将坚持共商共建共享，高标准推进“数字丝绸之路”建设，争取在完善合作环境、释放发展活力、落地务实成果、探索合作机制及推动优势互补等方面取得新突破，与各方一道，共谋合作、共享机遇、共赢发展。

筑牢县域高质量发展基础

推动县域数字经济发展

张蕴萍　栾　菁

（2023 年 10 月 19 日《人民日报》第 13 版）

激发县域经济活力、推动县域高质量发展，是深入推进新型城镇化建设、促进城乡融合发展的重要方面。数字经济是科技创新的重要前沿，在推动高质量发展中发挥着举足轻重的作用。2022 年底召开的中央经济工作会议强调"要大力发展数字经济"，为我们进一步推动数字经济发展指明了方向。推动县域数字经济发展，有利于提高县城综合承载能力，激发县域经济发展活力，增强县域产业发展支撑力，加快县域经济高质量发展步伐。

近年来，随着"宽带中国"战略的实施，我国县域数字基础设施日渐完善，既为县域数据要素采集、传输与应用创造了有利条件，又带动土地、劳动力、资本等传统生产要素更为顺畅流动，资源配置效率大大提升。实践证明，发展县域数字经济，能够有效激发县域经济发展活力。一方面，数据要素流动的高效率、低耗费等特性与县域低廉的生产费用相结合，有利于县城对接和吸纳大中城市的数字产业转移，形成县域数据高地和数字产业基地，带动县域产业发展。另一方面，数据要素能够赋能县域各类传统资源，发展多样化的数字服务，推动县域打造全方位智慧化生产生活场景。比如，利用数字技术的赋能作用，可以发展县域智能交通、现代智慧物流网络，加速智慧城市建设；可以开发广泛应用于县域农业、制造业与服务业发展的数字技术，提升县域生产力发展水平；可以提升电子政务服务水平，优化县域数字营商环境，完善网络化、数字化、智慧化的利企便民服务体系。新征程上，进一步筑牢县域高质量发展基础，要从县域经济发展实际出发，牢牢把握数字经济发展机遇，因势利导推动县域数字经济发展。

坚持统筹规划，彰显县域特色。当前，不少地方对本地区数字经济发展进行规划。各地区在规划中应将县域数字经济发展纳入进来，探索通过“一县一策”等方式给予县域更大政策支持力度，同时避免重复建设和资源浪费。可立足县域发展实际，着眼县域资源优势或独特地理位置发展数字产业，推动数字经济与实体经济融合发展，促进县域产业转型升级，打造高水平、数字化的县域龙头产业并带动相关产业发展，激发县域经济发展活力。

坚持因地制宜，服务城乡融合。当前，我国各地县域经济发展水平不同，必须立足县域发展定位，结合县域发展现状，因地制宜推动县域数字经济发展。比如，位于生态功能区的县，可充分发挥大数据、云计算等新一代信息技术在统筹有限资源、服务生态环境保护上的积极作用，促进县域资源布局优化，推动县域经济高效、集约、绿色发展。又如，处于大中城市周边的县具有承接大中城市功能溢出的天然区位优势，县域数字经济发展要着眼于更好同大中城市接轨，带动乡村发展、促进城乡融合。

坚持政策引导，释放数据要素增长潜力。数字经济时代，数据作为重要生产要素在解放和发展生产力上的作用日益凸显，但从实际情况看，数据要素对经济增长的带动作用尚未完全发挥出来，其价值仍有较大释放空间。县域作为数据采集的重要单元，要在政策引导下积极跟进大中城市数据交易发展步伐，加强数据要素供给，完善县域数

据应用场景，推进数据产权确权，合理划分各方主体权利，促进数据要素普惠共享，加速释放数据要素蕴含的巨大经济价值，以数字经济发展促进县域经济高质量发展。

探索数字经济时代的企业管理创新

陈　劲

（2023 年 11 月 6 日《人民日报》第 13 版）

管理学是系统研究管理活动基本规律和一般方法的科学。企业管理旨在提高企业运行效率、降低生产成本、提高产品质量和效益。当前，新一轮科技革命和产业变革深入发展，以人工智能、量子信息、移动通信、物联网、区块链为代表的新一代数字技术加速突破，日益融入经济社会发展全过程各领域，并在众多领域展现出广阔应用空间和发展前景。数字经济发展速度之快、辐射范围之广、影响程度之深前所未有，正在成为重组全球要素资源、重塑全球经济结构、改变全球竞争格局的关键力量，也推动企业的组织结构、运行方式、员工关系等发生深刻变化。我们在高度重视数字技术对经济发展的引领支撑作用的同时，也要高度关注数字技术、数字经济发展对企业管理的深刻影响。

数字技术、数字经济发展推动越来越多的企业更加关注构建和打造企业生态体系。这不仅包括企业的产品生态圈，而且包括由企业的员工、客户、供应商、合作伙伴等主体组成的更大范围的生态体系。在这个大体系中，各主体通过数字技术实现灵活有序的分布式协同合作，形成新的生产力组织形式，可以提高资源配置效率，实现更为持久、更大规模的价值增值。因此，企业管理要重视企业生态体系的构建，把相关主体视为共创共享的整体，推动各主体与整个生态体系保持目标一致，与生态体系共生共存。从企业内部看，数字技术的深入发展推动企业数字化改造升级，企业运行呈现更加透明、更加高效、更加精准、更加智慧等特点。与之相伴随，企业内不同部门、不同岗位、不同角色之间的边界将逐渐模糊，组织层级结构将逐步弱化，企业中的员工职责也将从原先仅需对某一具体工序或环节负责逐渐向进行更多创造性活动扩展。这在客观上要求更加注重激发员工的积极性主动性创造性，在推动企业发展壮大的同时促进员工全面发展。

近年来，我国数字经济快速发展、成效显著，一些企业加快推进数字化智能化转型。适应这一大趋势，要积极探索数字经济时代的企业管理创新，推动我国企业形成更为完善的组织模式和运行体系，加快建设世界一流企业。

充分发挥人的主观能动性。企业的发展离不开人，数字经济时代的企业发展更加需要充分发挥人的主观能动性。传统管理学主要关注企业的经济价值，把人视为抽象的个体，通过提高管理手段与管理方法的精确化科学化水平，实现企业利益最大化。探索数字经济时代的企业管理创新，要倡导企业管理在不断优化流程、提高效率的同时，更多关注调动员工积极性、释放其潜能。同时，人的自由而全面的发展是人类社会进步的标志，也是管理所要达到的最终目标。要坚持以人民为中心的发展思想，从增进人民福祉、促进人的全面发展、实现共同富裕的角度，深化以劳动者为中心的契约理论研究，为在数字经济时代突破传统管理理论瓶颈、加强企业管理创新提供新的思维和路径。

突出协同共生的新型经营理念。伴随着我国数字经济发展，以互联网平台为主要载体、以数据为关键生产要素、以新一代信息技术为核心驱动力、以网络信息基础设施为重要支撑的平台企业快速发展。作为数字经济条件下的重要企业形态，平台企业在经济社会发展全局中的地位和作用日益凸显。聚焦促进我国平台经济健康发展加强管理创新，应突出协同共生的新型经营理念，推动平台企业间合作，构建兼容开放的生态圈，激发平台企业活力，培育平台经济发展新动能。加强企业间的价值共创，通过大力发展工业互联网平台有效带动中小企业联动创新、促进国有企业和民营企业协同发展，加快打造商业生态体系和创新联合体。倡导公平竞争、包容发展、开放创新，推动平台企业依法依规有序推进生态开放，实现更大规模、更宽范围的发展。

从中华优秀传统文化中汲取养分。习近平总书记指出："世界上一些有识之士认为，包括儒家思想在内的中国优秀传统文化中蕴藏着解决当代人类面临的难题的重要启示。"中华优秀传统文化中的许多元素对于推动当代管理创新具有重要价值。比如，富民厚生、义利兼顾的思想观念对于数字经济时代提高管理的人性化水平具有重要价值，实事求是、知行合一的哲学思想对于数字经济时代管理者与被管理者之间建立信任关系、达成共识具有重要价值，等等。从这些传统智慧中汲取营养，有利于促进企业更多关注社会责任和商业伦理，注重给予员工足够的尊重和创造自由，彰显以人为本、人民至上的企业管理价值取向。